essentials

essentials liefern aktuelles Wissen in konzentrierter Form. Die Essenz dessen, worauf es als „State-of-the-Art“ in der gegenwärtigen Fachdiskussion oder in der Praxis ankommt. *essentials* informieren schnell, unkompliziert und verständlich

- als Einführung in ein aktuelles Thema aus Ihrem Fachgebiet
- als Einstieg in ein für Sie noch unbekanntes Themenfeld
- als Einblick, um zum Thema mitreden zu können

Die Bücher in elektronischer und gedruckter Form bringen das Expertenwissen von Springer-Fachautoren kompakt zur Darstellung. Sie sind besonders für die Nutzung als eBook auf Tablet-PCs, eBook-Readern und Smartphones geeignet. *essentials:* Wissensbausteine aus den Wirtschafts-, Sozial- und Geisteswissenschaften, aus Technik und Naturwissenschaften sowie aus Medizin, Psychologie und Gesundheitsberufen. Von renommierten Autoren aller Springer-Verlagsmarken.

Weitere Bände in der Reihe http://www.springer.com/series/13088

Michael Tomoff

Positive Psychologie in Unternehmen

Für Führungskräfte

2. Auflage

Springer

Michael Tomoff
Bonn, Deutschland

ISSN 2197-6708 ISSN 2197-6716 (electronic)
essentials
ISBN 978-3-658-21618-4 ISBN 978-3-658-21619-1 (eBook)
https://doi.org/10.1007/978-3-658-21619-1

Die Deutsche Nationalbibliothek verzeichnet diese Publikation in der Deutschen Nationalbibliografie; detaillierte bibliografische Daten sind im Internet über http://dnb.d-nb.de abrufbar.

Gedruckt auf säurefreiem und chlorfrei gebleichtem Papier

Springer ist ein Imprint der eingetragenen Gesellschaft Springer Fachmedien Wiesbaden GmbH und ist ein Teil von Springer Nature
Die Anschrift der Gesellschaft ist: Abraham-Lincoln-Str. 46, 65189 Wiesbaden, Germany

Was Sie in diesem *essential* finden können

- Eine Einführung in die Positive Psychologie der Arbeit
- Führungskonzepte, die aus der Positiven Psychologie entstanden sind
- Möglichkeiten der Mitarbeiter- und Unternehmensentwicklung auf Basis ihrer Stärken
- Einen kurzen Ausblick in die Zukunft der Positiven Psychologie im Unternehmenskontext

Inhaltsverzeichnis

1 Einleitung

Die Psychologie ist eine noch relativ junge Wissenschaft. Gleichzeitig hat sie alle Gebiete des menschlichen Verhaltens und Lebens im Sturm für sich entdeckt. Forscher[1] und Praktiker versuchen seither, den Menschen und seine Psyche zu verstehen, komplexe Verhaltensweisen zu deuten und – wenn möglich – vorherzusagen.

Die frühe Geschichte der Psychologie wurde überwiegend von einem defizitären Bild des Menschen geprägt, dem der Krankheiten. Menschen, die fern „der Norm" waren, bekamen durch Psychologen und Psychotherapeuten die Chance auf Heilung.

Als Prof. Martin Seligman 1998 vorschlug, auf eine positive Perspektive in der psychologischen Forschung zu fokussieren, legte er damit den Grundstein für eine wissenschaftliche und gedankliche Wende. Vermeintlich negative psychologische Phänomene wie Depression, Traumata oder Pathologien machten Platz für eine Richtung, die sich gleichberechtigt mit dem Positiven im Menschen und seinen Beziehungen mit anderen beschäftigte. Positive Emotionen und Institutionen, Sinnfindung, Charakterstärken – all das, was in den Forschungszentren der Psychologen beobachtet wurde, sollte gleichzeitig durch praktische Anwendungsmöglichkeiten Zustimmung und Einsatz außerhalb der Universitäten und Labore finden.

[1]Aus Gründen der besseren Lesbarkeit wird auf die gleichzeitige Verwendung männlicher und weiblicher Sprachformen verzichtet. Sämtliche Personenbezeichnungen gelten gleichwohl für beiderlei Geschlecht.

M. Tomoff, *Positive Psychologie in Unternehmen*, essentials,
https://doi.org/10.1007/978-3-658-21619-1_1

Und das geschah.

Seligmans Idee hat weltweit zahlreiche neue Forschungszweige entstehen lassen. Er und viele andere Forscher haben altes, fundiertes Wissen bezüglich neuer Gesichtspunkte und Erkenntnisse unter die Lupe genommen und mit häufig durchschlagendem Erfolg fass- und anwendbar gemacht.

Jedoch nicht nur für den an der Psychologie interessierten Laien oder Praktiker sind zahlreiche dieser neuen Erkenntnisse bahnbrechend. Speziell für die Arbeitswelt ist durch Umdenken in den nächsten Jahren ein positiver Sog zu erwarten, der das Wissen aus der Positiven Psychologie nutzen, über gesteigerte Mitarbeiterzufriedenheit neue Potentiale freisetzen und eine positivere Arbeitskultur entstehen lassen könnte.

Anstatt zu fragen, was bei einzelnen Mitarbeitern oder Abteilungen nicht funktioniert, wo deren Schwächen liegen oder es krankt, werden in den kommenden Jahren vermehrt Fragen nach individuellen Stärken zu hören sein, nach dem, was bereits gut funktioniert und noch wachsen kann. Es wird möglicherweise bald nicht mehr im Fokus stehen, in Unternehmen Brände zu bekämpfen und Kaputtes zu reparieren, sondern Fundamente zu schaffen, durch die Feuer eher mit Leidenschaft bei der Arbeit in Verbindung steht als mit dem Verbrennen menschlicher Potentiale.

In diesem Essential bekommen Sie einen Überblick über zentrale Ideen der Positiven Psychologie der Arbeitswelt und deren Nutzen für Führungskräfte und damit für deren Unternehmen. Das Aufführen von Studien und weiterführender Literatur soll Ihnen behilflich sein, in die knapp eingeführten Konzepte bei Interesse tiefer einzusteigen.

Mögen Sie auf Ihrer Reise durch das Essential Impulse für Ihre eigene Arbeit entdecken, anwenden und Wohlgefallen (und -befinden) daran finden!

Positive Psychologie 2

Was ist Positive Psychologie? Woher kommt sie und wohin mag sie gehen? Fragen, auf die es innerhalb der nächsten Seiten Antworten für Sie geben wird.

Während der Lektüre dieser Zeilen werden Sie wiederholt auf den Begriff der „Positiven Psychologie“ stoßen und über „Positive Psychologen“ lesen. Diese Begrifflichkeiten sind nicht nur bei professionellen Kritikern dornige, sondern führen ebenso bei Laien häufig zu Stirnrunzeln.

Der Gebrauch von Begriffen wie „positiv“ und „negativ“ soll keine dichotome Aufteilung in Gut und Böse darstellen, sondern vielmehr die beiden Pole eines Kontinuums, auf dem sich die Psychologie bewegt. Weder ist die Positive Psychologie besser als die Psychologie der letzten Jahrzehnte, noch ist sie eine völlig neue Art von Wissenschaft, die sich spontan durch die Ansage eines Psychologen aus dem Nichts erhoben hat.

2.1 Kurze Geschichte und Definition

Die Positive Psychologie hat tiefe Wurzeln (siehe McCullough und Snyder 2000). In vielen Essays, Forschungsschriften und Zitaten vergangener Jahrhunderte taucht sie fortwährend auf (eine detailliertere historische Betrachtung finden Sie z. B. bei Gable und Haidt 2005). Vor ungefähr 60 Jahren kritisierte Abraham Maslow bereits die einseitige Ausrichtung der psychologischen Interessen:

> The science of psychology has been far more successful on the negative than on the positive side. It has revealed to us much about man's shortcomings, his illness, his sins, but little about his potentialities, his virtues, his achievable aspirations, or his full psychological height. It is as if psychology has voluntarily restricted itself to only half its rightful jurisdiction, and that, the darker, meaner half. (Maslow 1954, S. 354).

M. Tomoff, *Positive Psychologie in Unternehmen*, essentials,
https://doi.org/10.1007/978-3-658-21619-1_2

Die Positive Psychologie, wie wir Sie heute als Wissenschaft kennen und wie sie alle bisherigen Theorien, Kritiken und Interessen zu kombinieren und integrieren versucht, kann auf Martin Seligmans Antrittsrede zu seinem Amt als Präsident der American Psychological Association (APA) 1998 zurückgeführt werden (Seligman 1999). Er und Mihaly Csikszentmihalyi saßen im Winter 1997 zusammen und realisierten im Beisein von Seligmans Tochter Nikki etwas (Seligman und Csikszentmihalyi 2000): All die Jahrzehnte nach dem Zweiten Weltkrieg hatte die Psychologie zwei ihrer drei Missionen vernachlässigt. Während sie den Fokus auf

1. die **Heilung mentaler Krankheiten** gelegt hatte, hatte sie sowohl verpasst,
2. andere **Menschen zu einem erfolgreicheren und erfüllteren Leben zu verhelfen** als auch
3. ihre **großen Talente und Begabungen zu identifizieren und zu fördern**.

Aus dieser Erkenntnis entstand Seligmans Wunsch, den Fokus auf jene zwei vernachlässigten Punkte zu legen und seine Amtszeit zu nutzen, um der Psychologie einen positiveren Drall zu geben.

Seit Seligmans Antritt hat es eine Explosion von Forschungsarbeiten und Büchern gegeben, die weltweit zusammenarbeitenden Wissenschaftlern entsprangen. 2006 entstand das erste speziell der Positiven Psychologie verschriebene Journal, das *Journal of Positive Psychology*. Das sind nicht nur für die Psychologie rasante und kurze Zeiträume der Entstehung einer Bewegung.

So vielfältig die Definitionen der Positiven Psychologie ausfallen mögen, ähneln sie sich doch in ihrem Kern:

▶ **Definition** Die Positive Psychologie beschäftigt sich in Forschung und Praxis mit den Bedingungen und (Wechsel-)Wirkungen, die eine optimale Entwicklung von Personen, Gruppen und Organisationen ermöglichen (Gable und Haidt 2005; Linley et al. 2006).

Ähnlich den auf die Reduktion von Defiziten abzielenden Praktiken sind die der Positiven Psychologie ebenfalls keine risikofreien (für eine ausführliche Kritik siehe Fineman 2006). Diese mag ein wohlwollenderes Menschenbild zugrunde legen und die Gefahr innehaben, sich *ausschließlich* auf das zu konzentrieren, was gut ist.

Aus diesem Grunde ist die Positive Psychologie eine mit sich äußerst kritische Disziplin, die trotz wohlwollender Fundstücke aus Forschung und Verstand keine Allheilmittel verspricht. Sie möchte aufgrund der hohen Komplexität des Menschen immer auch den Kontext im Auge behalten, in dem Veränderung geschieht, weiß aber andererseits, dass Kontext und Kultur von Organisationen stets auch von einzelnen Menschen geformt werden.

2.2 Zentrale Konzepte

Die folgenden Seiten werden speziell für Mitarbeiter beziehungsweise Führungskräfte Theorien und Konzepte aufzeigen, die mit hoher Wahrscheinlichkeit hilfreich und förderlich für ihre Führungsarbeit und ebenso die eigene Arbeitszufriedenheit sein werden.

Ob unter dem Label von Achtsamkeit oder Kreativität, mit Themen wie Resilienz oder Emotionen wie Freude oder Liebe, ob durch die Forschung zu Optimismus, Weisheit und Dankbarkeit – unser Wohlbefinden hat viele Facetten. Es ist subjektiv (SWB: *subjective well-being*, siehe z. B. Diener 1984), wird von Philosophen seit Jahrtausenden, von Hirnforschern erst seit einigen Jahren seziert, von Psychologen und Soziologen gemessen und von Ökonomen als wirtschaftliche Triebkraft erkannt.

Um den wirtschaftlichen Fokus beizubehalten, möchte ich an dieser Stelle spezifisch auf den Arbeitskontext der Positiven Psychologie eingrenzen. Der Schwerpunkt wird auf der organisationalen Ebene liegen, gleichzeitig werden positive Emotionen und Charaktereigenschaften sowie Fähigkeiten im unternehmerischen Kontext beleuchtet (Seligman 2008).

Nachdem die Positive Psychologie im Arbeitsbereich in den letzten Jahren stark an Dynamik und Einfluss gewonnen hat, werden infolgedessen die positiven Auswirkungen einer stärkeren Aufmerksamkeitsverlagerung dorthin prägnanter, drängender und immer schwieriger zu ignorieren. Der Arbeitsplatz wird zunehmend zu einem Ort, an dem Wachstum und Optimierung einen Grad angenommen haben, der nicht nur Erfolg fordert, sondern vielerorts den Kampf um's nackte Überleben losgetreten hat und überdurchschnittliche Leistungen notwendig geworden zu sein scheinen (Sutcliffe und Vogus 2003).

Zahlreiche Informationsquellen über Wege und Mittel machen es für viele Unternehmen möglich, ein solches Leistungsmaß zu erreichen. Doch scheint das Beheben von Schwächen und Erhöhen von Arbeitszeit sowie –pensum nicht mehr zu genügen, um Arbeiter produktiver zu machen.

Die Positive Psychologie erhebt keinen Anspruch darauf, komplett neue Entdeckungen vorzuweisen (*Stärken zu stärken* ist schließlich kein neuer Ansatz). Allerdings verdeutlicht sie die Notwendigkeit, sich von pseudowissenschaftlichen Ansätzen durch ein stringentes und theoriegeleitetes Vorgehen abzuheben und hat das Ziel, die durch strenge Forschung aufgedeckten Effekte, Tendenzen oder Zusammenhänge in die Praxis zu transferieren und so breit wie möglich nutzbar zu machen.

Es gibt unter Forschern folgerichtig eine stetig größer werdende Übereinkunft, dass der Arbeitsbereich im Speziellen für die positiven Aspekte eine stärkere Lanze brechen sollte und dies auch tut.

Insbesondere drei Bereiche haben sich mit dieser Mission aufgetan und werden in diesem Kapitel näher erklärt, diskutiert sowie anhand ihres möglichen Nutzens beleuchtet. Diese Bereiche sind

1. Positive Organizational Behavior (z. B. Luthans 2003; Luthans und Youssef 2007),
2. Psychological Capital (PsyCap; z. B. Luthans et al. 2007) und
3. Positive Organizational Scholarship (z. B. Cameron et al. 2003).

Positive Organizational Behavior (POB)
POB ist eine der positiv orientierten Forschungsrichtungen, die durch die Positive Psychologie stimuliert worden ist. Fred Luthans (2002, S. 59) definierte POB als

> the study and application of positively oriented human resource strengths and psychological capacities that can be measured, developed, and effectively managed for performance improvement in today's workplace,

also die Wissenschaft und Anwendung positiv orientierter menschlicher Stärken und psychologischer Kapazitäten, die gemessen, entwickelt und effektiv zur Leistungssteigerung am Arbeitsplatz eingesetzt werden können. Psychologische Bedingungen werden innerhalb POB primär auf dem individuellen Mikro-Level untersucht, gemessen, entwickelt und eingesetzt.

Eine Brücke zwischen der strengen, gründlichen, theoriebasierenden Forschung innerhalb POBs einerseits und den populären Bestsellern der Bücherregale andererseits, die die Positivität, aber nicht die theoretische und empirische Basis teilen, schlägt das Gallup Institut. Von Vertretern dieses aus Washington stammenden Markt- und Meinungsforschungsinstituts fließt seit Jahren ein stetiger Strom von Studien, Büchern und Werkzeugen in leicht verständlicher Sprache und an die breitere Masse gerichtet (z. B. Buckingham und Clifton 2001; Harter et al. 2002; Buckingham 2010).

In POB als auch unter dem als Basis dienenden Konzept des Psychologischen Kapitals werden die vier Schlüsselressourcen der Hoffnung, Selbstwirksamkeit, Resilienz und des Optimismus wissenschaftlich und wirtschaftlich betrachtet.

Psychological Capital (PsyCap) und Positive Leadership
Psychologisches Kapital als Indikator für persönliche Leistungsfähigkeit und Zufriedenheit am Arbeitsplatz wird vorrangig in der positiven Organisationspsychologie diskutiert (Youssef und Luthans, 2007). Es unterscheidet sich von ökonomischem Kapital („was wir haben"), intellektuellem Kapital („was wir wissen") und von sozialem Kapital („wen wir kennen") und beschreibt grundsätzlich, „wer wir sind" oder „was wir sein können" (Luthans et al. 2004).

Nach Luthans, Youssef und Avolio (2007) formiert sich psychologisches Kapital aus den zuvor unter dem POB genannten vier Aspekten: Hoffnung, Selbstwirksamkeit, Resilienz und Optimismus:

Hoffnung bezeichnet einen psychologischen Zustand, in dem eine Person entschlossen an der Erreichung ihrer Ziele arbeitet und selbst bei Hindernissen teils kreative Lösungswege findet und nutzt. Positive Emotionen und ein hohes Kontrollerleben sind Begleiterscheinungen der Hoffnung.

Selbstwirksamkeit bezeichnet die individuelle Überzeugung, Herausforderungen gewachsen zu sein und über die dafür erforderlichen Kompetenzen zu verfügen. Menschen mit dieser Überzeugung sind energetischer und ausdauernder bei der Erreichung ihrer Ziele und nehmen neue Herausforderungen ebenfalls früher an als Menschen mit geringer Selbstwirksamkeit.

Resilienz beschreibt die Fähigkeit, aus der Not, nach Konflikten, dem Scheitern oder auch positiven Ereignissen wie Fortschritt und mehr Verantwortung wieder auf die Beine zu kommen (Luthans 2002a).

Optimismus befähigt Menschen dazu, eine positive Erwartungshaltung gegenüber der Zukunft einzunehmen, offen für Veränderungen zu sein, negative Ereignisse external, als temporär und situationsspezifisch zu erklären sowie positive Ereignisse internal, als konstant und für alle Kontexte zutreffend zu erklären. Gegenüber Pessimisten gehen optimistische Menschen konstruktiver mit eigenen und fremden Fehlern um und betrachten sie zudem für die Zukunft als neues Rüstzeug.

▶ Personen mit hohem psychologischem Kapital stecken mehr Aufwand in Aufgaben, die sie zu erledigen haben, sind motivierter und vermögen diese auch zu tun, weil sie positive Resultate erwarten. Sie können eine Vielzahl von Lösungsmöglichkeiten für Probleme generieren und besser mit eventuell auftretenden Rückschlägen umgehen (Luthans et al. 2010).

Ein aus dem Psychologischen Kapital weiterentwickeltes Konzept, das speziell auf die Führungskräfte in Unternehmen zurecht geschnitten ist, ist *Positive Leadership* (PL) (Abb. 2.1). Zu den vier fundamentalen Elementen Optimismus, Hoffnung, Selbstwirksamkeit und Resilienz gesellen sich drei Eckpfeiler (Creusen et al. 2010) positiver Führung:

1. Die eigenen und die **Talente** der Mitarbeiter, deren Kenntnis essentiell für die Entwicklung eines Teams sind.
2. Hohes **Engagement** im Sinne des Flow-Zustands nach Csikszentmihalyi (1997), das einen Zustand beschreibt, in dem die Herausforderung einer Situation und

die Fähigkeiten einer Person bezüglich dieser Herausforderung in einem optimalen Verhältnis zueinander stehen. Sind Arbeitsaufgaben beispielsweise so gestaltet, dass Mitarbeiter ihre Talente bestmöglich einbringen können, weil die Herausforderungen mit ihren Fähigkeiten übereinstimmen?
3. Als dritter Pfeiler strebt der Mensch nach Sinn, den er bei der Arbeit optimalerweise in einer dazu passenden **Vision** findet.

Um die Mitarbeiter mitzunehmen und nicht nur eine weitere Methode aus dem Managementbaukasten von oben auf die Mitarbeiterschaft zu gießen, sollten *alle* Mitarbeiter **beteiligt** werden. Je stärker deren Partizipation, desto größer die Wahrscheinlichkeit, dass positive Ansätze der Führungskraft nicht nur akzeptiert, sondern gleichzeitig respektiert und mitgetragen werden.

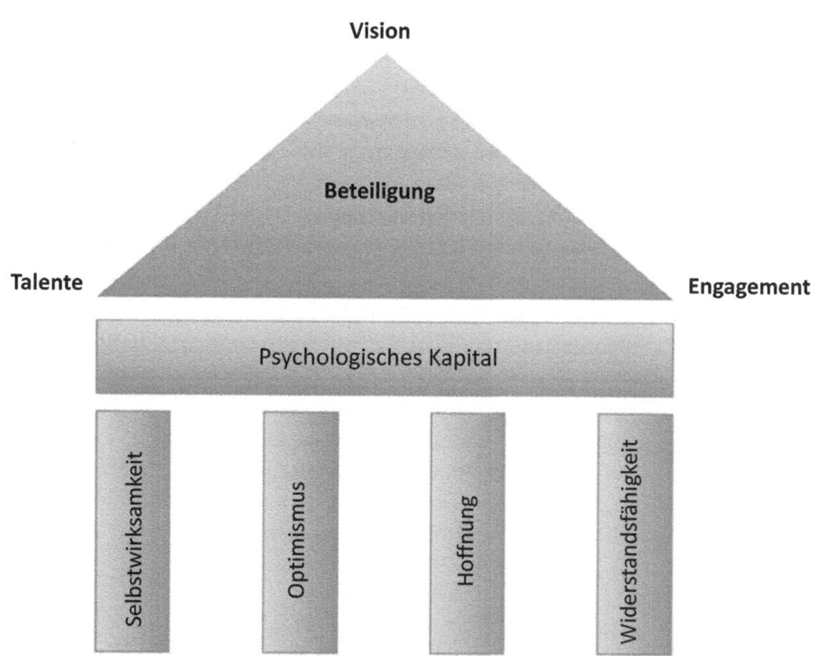

Abb. 2.1 Positive Leadership auf Grundlage von PsyCap. (Quelle: Adaptiert nach Creusen et al. 2010)

Positive Organizational Scholarship (POS)
Mitarbeiter nach positiven Fähigkeiten auszuwählen, zu entwickeln und bestmöglich mit ihnen zusammenzuarbeiten, ist einer der Schwerpunkte der Organisationspsychologie.

Wer passt an welchen Arbeitsplatz, welche Entwicklungsmöglichkeiten können den Mitarbeitern geschaffen werden? Wie viel Gehalt verteile ich warum? Wie motiviere ich die Mitarbeiter, sich zu motivieren, um am Ende neben höherer Mitarbeiterzufriedenheit daraus entstehend ebenso eine höhere Kundenzufriedenheit vorzufinden? Diese Fragen und ihre zugrunde liegenden Strategien, Strukturen und Kulturen werden seit Jahren zum Wohle der organisationalen Leistungssteigerung erforscht (z. B. Pfeffer 1998; Pink 2010).

▶ **Definition** Positive Organizational Scholarship (POS) ist die Dynamik in Organisationen, die zur Entwicklung menschlicher Stärken führt, Resilienz in Individuen pflegt, Heilung und Restauration möglich macht und außergewöhnliche individuelle und organisationale Leistung kultiviert (Cameron et al. 2003). Dabei wird zudem der spezifische Kontext in Betracht gezogen, in dem positive Phänomene auftauchen (Cameron und Caza 2004).

Es ist wichtig zu betonen, dass POS nicht wertneutral ist. Es ist ein Fürsprecher der Position, dass das Verlangen nach Verbesserung des menschlichen Befindens universell ist und das Vermögen, das auch zu tun, in fast jedem menschlichen System schlummert.

Während […] Zielerreichung oder Profitabilität nicht von den Überlegungen ausgeschlossen sind, hat POS eine Neigung zum Lebenspendenden, Fruchtbaren, zum Heben des menschlichen Befindens – unabhängig von Verbindungen zu traditionellen, ökonomischen oder politischen Vorteilen (Cameron und Spreitzer 2011, S. 7).

Die Suche nach den in der Definition genannten kontextabhängigen Phänomenen lässt sich durch das Prinzip der *Positiven Devianz* beschreiben (Cameron 2012). Es werden betriebliche und unternehmerische Besonderheiten gesucht, gefunden, analysiert und beschrieben, die in positiver Weise von der oft hohen Druck ausübenden Norm abweichen (von lateinisch deviare = vom Wege abgehen) und dementsprechend eine Basis für Spitzenleistungen bilden.

Positive Devianz ist ein Kernprinzip von POS und die darin enthaltenen Konzepte haben alle Anteil daran, eine Arbeitsumgebung mit gesteigerter Mitarbeiterzufriedenheit und demzufolge auch höhere organisationale Wirkungsgrade zu schaffen.

Wie in der Definition von Positive Organizational Scholarship zu sehen, ist es den vorherigen positiven Ansätzen durchaus ähnlich, unterscheidet sich dagegen durch seine primär organisationale Betrachtungsweise. Ähnlich zu Positive Organizational Behavior und dem Psychologischen Kapital, jedoch unterschiedlich von der Positiven Psychologie, liegt der Fokus von POS bei Arbeitsthemen und deren Ergebnissen und ist insbesondere aus diesem Grund für Führungskräfte und Unternehmer interessant.

2.3 Drei Mechanismen für eine positive(re) Kultur

Ein Unternehmen zu einem positiv von der Norm abweichenden zu machen, ist kein leichtes Unterfangen. Eine Gruppe positiver Individuen muss nicht zwangsläufig zu einem positiven Team, einer positiven Arbeitseinheit oder einem positiv gestimmten Unternehmen führen.

Dennoch braucht es für ein positiv deviantes Unternehmen eine Zahl von Individuen, die wissen, was sie wollen, welche Werte sie verkörpern möchten und für was sie einstehen. Die richtige Arbeitsumgebung wird solche Menschen anziehen und bereits dadurch in Zeiten des Führungs- und Fachkräftemangels einen Wettbewerbsvorteil darstellen. Positives Verhalten wird in solch einem Arbeitskontext obendrein gefördert, ermutigt und langfristig dazu führen, dass sich das Unternehmen insgesamt zu einem positiven Devianten innerhalb ihrer eigenen Industrie entwickeln kann. Eine positive Spirale entsteht.

Wie lässt sich also eine positive Kultur in Unternehmen schaffen und erhalten, in der das menschliche Potential nicht nur entdeckt und zutage gebracht, sondern auch bis zu einem Grad von positiver Devianz gefördert wird?

Für Jane Dutton, eine der Gründerinnen des CPOS (Center for Positive Organizations), einem Wissenschaftszentrum, das Unternehmen hilft, die Erkenntnisse der Forschung praktisch anzuwenden, gibt es drei essentielle, sich gegenseitig beeinflussende Mechanismen (Dutton und Glynn 2007):

1. positive Sinnstiftung bei der Arbeit,
2. positive Emotionen und
3. positive menschliche Beziehungen.

Positive Sinnstiftung

In der Arbeit einen *positiven* Sinn zu sehen, ist grundlegend für eine POS-Kultur. Die Übereinstimmung der eigenen Werte mit denen der Firma sowie Eigenschaften wie Optimismus, Hoffnung und Einfallsreichtum sind insofern eng mit dem

Finden von positiver Sinnhaftigkeit verknüpft. Sie sind von besonderer Wichtigkeit, wenn Sie mit Führungskräften arbeiten, die nicht nur Sinn finden wollen, sondern beständig vermitteln müssen.

So macht es einen Unterschied, ob Sie Ihren Beruf als Job ansehen, in ihm eine Karrieremöglichkeit erkennen oder gar eine Berufung verspüren (Wrzesniewski und Dutton 2001). Letzteres führt zwangsweise zu einer stark intrinsischen („von innen kommenden") Motivation, die selten von dem Wunsch nach mehr Geld oder dem Erklimmen der nächsten Hierarchieebene angefeuert wird, sondern von dem Drang, einem größeren Zweck zu dienen.

Weiterhin macht es einen Unterschied, ob ein positiver oder negativer Sinn wahrgenommen wird: Sieht ein Mitarbeiter die Akquisition der eigenen Firma durch einen Wettbewerber beispielsweise als Chance zu wachsen und auf neue Ressourcen zuzugreifen oder ist es für ihn eher die Bedrohung durch einen Mitstreiter, der von nun an zu bestimmten Handlungen zwingt und keine Flexibilität mehr dulden wird?

Sie haben die Erfahrung möglicherweise bereits gemacht: **Sinn in eine positive Richtung zu leiten ist essentiell, um menschliches Potential zur Entfaltung kommen zu lassen.**

Positive Emotionen

In den letzten Forschungsjahren hat Barbara Fredrickson wichtige Erkenntnisse zum Thema positive Emotionen hervorgebracht. Ihre Broaden-and-Build-Theorie (z. B. Fredrickson 1998; Fredrickson 2001; Fredrickson 2011) hat maßgeblich dazu beigetragen, Emotionen nicht nur als lästiges und vermeintlich feminines Beiwerk im Arbeitskontext zu betrachten, sondern die subjektiv wahrgenommene „Energetisierung" durch positive Emotionen als einen wichtigen Stellhebel bei der Entwicklung und Freisetzung von Höchstleistungen zu erkennen.

Fredrickson konnte durch ihre Forschung zeigen, dass die Balance zwischen positiven und negativen Emotionen einen signifikanten Einfluss auf das individuelle Wohlbefinden und Verhalten von Menschen hat. Insbesondere weist sie darauf hin, dass Situationen, die positive Emotionen fördern, den Aufmerksamkeitsumfang erhöhen. Sie erlauben es den Personen demnach, sowohl den Wald als auch die Bäume zu sehen. Eine Vorherrschaft negativer Emotionen wiederum führte zu einem engeren Fokus im Denken und negativen Reaktionen auf neue Stimuli.

Interessant in diesem Zusammenhang: Obwohl positive Emotionen häufig nicht länger als ein paar Sekunden andauern, führt laut Fredrickson die wiederholte Erfahrung positiver Emotionen zum Aufbau großer Reserven und Ressourcen innerhalb einer Person. Das wiederum befähigt diese Menschen, auch in stressvollen und arbeitsintensiven Zeiten ihr Arbeitsniveau zu halten oder in gewöhnlichen Phasen ein höheres Level zu erreichen.

Positive menschliche Beziehungen

Positive Beziehung, die dritte in Wechselbeziehung stehende Säule, von der Dutton und Glynn sprechen, ist die wahrscheinlich offensichtlichste für jede arbeitende Person. Unabhängig, ob in Krisenzeiten oder nur als Rat gebende Instanz während des Arbeitsalltags sind positive Beziehungen zu anderen eine Quelle von Kraft, Inspiration, Vertrauen, Mut und Motivation.

Tiefgreifende Folgen davon sind bessere Gesundheit, wie z. B. weniger Krebsfälle und Herzinfarkte, doppelt so schnelle Regeneration nach Operationen, besserer Umgang mit Stress, weniger Arbeitsunfälle und eine höhere Lebenserwartung (Alderfer 1972; Brown 1999) – um nur einige positive Effekte zu nennen.

Diese werden wiederum dazu führen, dass Menschen in einem Unternehmen respektvoller miteinander umgehen und kommunizieren, angespannte Situationen und kritische Themen konstruktiver, risikofreudiger und offener behandeln und schneller zu besseren Ergebnissen kommen. Die Folgen positiver Beziehungen können letztendlich sogar den Weg zum Einfordern von Kritik und ihrer sachlichen Annahme bahnen, denn auch die Fehlerkultur führt in solch vertrauensvollen Umgebungen eher zu Lerneffekten denn zur Suche nach Schuldigen.

Alle drei Mechanismen sind ein Einstiegstor für eine Aufwärtsspirale, denn sie unterstützen die positiven Effekte der jeweils anderen.

3 Anwendung positiver Konzepte

Wenn die Voraussetzungen von Dutton und Glynn aus Kap. 2.3 gegeben sind, ist es leicht, den positiven Pfad beizubehalten und z. B. das psychologische Kapital der Mitarbeiter zu erhöhen, um „gesunde" Leistungssteigerungen zu erreichen. Wie aber können diese und noch weitere positive Mechanismen entwickelt und eingebracht werden?

Denn...

> Angepasste, domestizierte Angestellte, Edelsachbearbeiter, die sich brav im gesetzten Denk- und Laufgitter bewegen, sitzen auch an obersten Stellen. Benötigt würden aber heute: unternehmerische Frechheit, Zivilcourage, unkonventionelles Denken und Verhalten, mutige Konfrontation, Bereitschaft zum persönlichen Risiko. (Doppler und Lauterburg 2002)

Viele der in den letzten Jahren entwickelten Methoden sind zwischen den einzelnen Ebenen der Organisation, der Teams (oder Abteilungen) und der Individuen austauschbar. Weiterhin sind alle Beispiele sowohl *bottom-up* (beispielsweise vom Mitarbeiter zum Vorstand) als auch *top-down* (z. B. vom Vorstand für das gesamte Unternehmen eingeführt) einsetzbar, jedoch – je nach Richtung und Art der Durchführung der Aktionen – nicht mit identischem Erfolg verbunden.

Anhand der folgenden Möglichkeiten soll veranschaulicht werden, an welchen Stellen Interventionen positiven Sinn stiften, positive Emotionen hervorrufen und positive menschliche Beziehungen schüren können.

M. Tomoff, *Positive Psychologie in Unternehmen*, essentials,
https://doi.org/10.1007/978-3-658-21619-1_3

3.1 Anwendung in Organisationen

Positive Kommunikation durch positive Begriffe

Vieles im zwischenmenschlichen Zusammensein spielt sich nonverbal ab. Ein Schulterklopfen, ein zustimmendes Nicken, auch mal eine hochgezogene Augenbraue oder ein verstohlenes Kopfschütteln. Bisweilen sagt unsere Gesichtsmimik etwas anderes aus als unsere Worte – unsere Kommunikation ist inkongruent.

Verbale Kommunikationsmittel sind ein ebenso einflussreiches und effektives Werkzeug, um Ziele zu erreichen. Oder – durch Unachtsamkeit – eben nicht.

Die in einem Unternehmen genutzte Sprache zu verändern (ebenso wie die gesamte Kultur) und damit den Weg für POS zu bereiten, ist anfangs unkomfortabel, aber extrem wirkungsvoll. Wiederholt konnten Studien veranschaulichen, dass Veränderungen von Sprachmustern gleichzeitig einen Perspektivwechsel mit sich bringen.

Avey et al. (2011) zeigten beispielsweise signifikante Verbesserungen der Leistungsfähigkeit von Mitarbeitern (gemessen als PsyCap), nachdem deren Führungskräfte einfache **Änderungen bei der Kommunikation von Aufgaben** vornahmen und deren **gewählte Worte ihre positive Einstellung** zu den Fähigkeiten der Mitarbeiter unterstrichen.

In diesem Experiment bekamen jene Mitarbeiter zu verschiedenen komplexen Problemen Skripte ihrer (realen) Führungskräfte vorgelegt, die über ihre Erwartungen bezüglich der ausstehenden Ergebnisse diskutierten. Die Projektleiter gaben (bezüglich der zu messenden PsyCap-Komponenten) entweder positive oder negative Kommentare ab.

Beispiel positiv[1]: „Das Team [Name] ist Weltklasse, was die Leistung angeht" und „Sogar, wenn sie Rückschläge haben, scheinen sie immer wieder zurückzukommen und jede Herausforderung wegzuhauen, die wir ihnen zuwerfen. Ich vertraue ihnen total, sie kommen immer mit den Lösungen, die wir benötigen." (S. 16).

Beispiel negativ: „Ich glaube, wenn Sie mich über meine Erwartung befragen, wie und ob (Arbeitsgruppe) Lösungen für uns treiben kann, dann würde ich sagen, ‚Ich weiß es nicht, aber sicherlich hoffe ich es.' Wir wissen alle, dass sie schneller reagieren müssen, als sie das normalerweise tun und ich bin mir einfach nicht sicher, ob die Situation so ausgehen wird, wie wir das alle hoffen… einfach noch nicht sicher, es scheint mir noch zu früh, meine Meinung dazu abzugeben."

[1]Beide Zitate vom Autor frei aus dem Englischen übersetzt.

Eine weitere hochinteressante Studie führten Bennis und Nanus (1985) durch. Sie fanden bei der Betrachtung erfolgreicher Führungspersönlichkeiten in verschiedenen Bereichen wie der Bildung, den Künsten, dem Militär und der Wirtschaft eine spannende Gemeinsamkeit: Alle Personen hatten das Wort *failure* (Misserfolg, Versagen) **aus ihrem Sprachgebrauch getilgt** und nutzten Alternativen wie Fehlstart, Fehler, Schnitzer oder auch Stolpern.

Im deutschen Sprachgebrauch hat sich das Beispiel *Herausforderung* anstelle von *Problem* vielerorts bereits durchgesetzt. Doch insbesondere bei diesem Beispiel wird deutlich, dass nicht alleine der Gebrauch eines neuen Wortes entscheidend für einen Perspektivwechsel ist, sondern dessen *echte* Umdeutung (oder nehmen *Sie* einen Kollegen ernst, der ständig *Herausforderung* sagt und doch *Problem* meint?).

Die Förderung einer alternativen Interpretation der Realität begünstigt gleichzeitig eine positivere Einstellung. Einen Misserfolg als Stolpern zu betrachten zeigt den Willen, diesen nicht als Ende, sondern als lehrreichen Zwischenschritt anzusehen.

Es macht ebenfalls einen Unterschied, ob eine Führungsebene ihre Mitarbeiter als solche bezeichnet, oder als *Kollegen, interne Kunden,* als *Familie* oder gar – wie im Motto des Ritz-Carlton festgehalten – als *Ladies and Gentlemen who serve Ladies and Gentlemen*[2].

▶ Überlegen Sie kurz: Welche in Ihrem Unternehmen häufig genutzten Begriffe lassen sich durch positivere, energiereichere und Dynamik fördernde ersetzen?

Ein weiterer interessanter Befund kommt von Barbara Fredrickson. Sie nahm ein Team von Forschern zu 60 Unternehmen und transkribierte jedes Wort, das Mitarbeiter in ihren Business Meetings nutzten. Danach durchsuchten die Wissenschaftler jeden Satz nach negativen und positiven Wörtern und rechneten das Verhältnis aus.

Drei voneinander unabhängige Forschungsarbeiten von Fredrickson und Losada (2005) zeigten, dass das Verhältnis von positiven zu negativen (sprachlichen) Interaktionen von 3:1 zu hoher Qualität persönlicher Beziehungen und stärkeren Leistungen führt. Unternehmen mit einem besseren Verhältnis zeigten von allen die besten finanziellen Leistungen.

[2]http://goo.gl/Z9l9JC (13.11.2014).

Äußerten zwei Personen authentische, ehrliche und positive Kommentare mit einer Rate von 3:1 füreinander, profitierte die Beziehung davon deutlich. Selbiges gelte in Ehen mit 5:1, und Teams (im Business-Kontext) mit einem Verhältnis von nahezu 6:1 zeigten durchgängig außergewöhnliche Leistungen. Dieser Wendepunkt, der von dahinwelkenden über stagnierende hin zu florierenden Beziehungen führt, wurde als „Positivity Ratio“ bekannt[3].

Werte

Werte können – wenn die der Person mit denen des Unternehmens übereinstimmen – eine positive Sinnstiftung ergeben. Ein Werte-Set wird üblicherweise durch eine Gruppe von Unternehmensentwicklern geschaffen, im besten Fall von einer repräsentativen Gruppe von Mitarbeitern mitbestimmt und schließlich als Mission Statement oder Leitbild auf der Unternehmenshomepage oder Postern in Firmenräumen verbreitet.

Ähnlich wie bei Kommunikation anhand inkongruenter Sprache können ebenso nicht zum Mitarbeiter passende Werte einen negativen Effekt hervorrufen, sollten sie nur den Schmuck für den Außenauftritt des Unternehmens darstellen.

Handelt eine Organisation jedoch nach für die Mitarbeiterschaft stimmigen Werten, ist sie nicht nur nach außen attraktiver. Sie bildet zudem ein Gerüst von sozial anerkannten und geförderten Handlungsgrund- und Leitsätzen, einen internen Rahmen, deren Vorbilder idealerweise aus den Führungsetagen stammen.

Richard Barrett (2006) beschreibt in seinem Buch **BUILDING A VALUES-DRIVEN ORGANIZATION: A WHOLE SYSTEM APPROACH TO CULTURAL TRANSFORMATION** vier notwendige Elemente, die ein wertegetriebenes Unternehmen durchleben und gleichberechtigt behandeln muss:

1. persönliche Ausrichtung,
2. strukturelle Ausrichtung,
3. Ausrichtung der Werte und
4. Ausrichtung der Mission.

Nehmen z. B. Mitarbeiter an einem Programm zum bewussteren Umgang mit den neuen Unternehmenswerten teil, finden aber in ihrem Alltag keine dieser

[3]Einen schönen Schlagabtausch über dieses Konzept finden Sie bei Anthony, 2014, Zugriff am 25.11.14 von http://goo.gl/1UMsSz.

unterstützenden Strukturen, entsteht schnell Frust. Steht etwa Fairness an erster Stelle der Werteliste, ohne beim Ausschütten von Mitarbeiterboni berücksichtigt zu werden, bilden monetäre Belohnungen rasant Zynismus, der Vertrauen in das System und die Unternehmensstrukturen zerstört.

Je größer der Fit zwischen individuellen Werten und denen des Unternehmens ist, desto stärker identifiziert sich ein Mitarbeiter damit und desto kraftvoller wird sein Engagement für seinen Arbeitgeber sein. Werte entstehen durch gute Personalauswahl, aber – noch wesentlicher – durch ein hierarchieübergreifendes Vorleben der Werte („*Walk the Talk*").

Ein schönes Werkzeug, um sich als Unternehmensrepräsentanz bei der Wertschöpfung, bei Team Building-Maßnahmen oder individuell zum Beispiel im Coaching-Prozess mit Werten zu beschäftigen, ist die Wertebox[4]. Anhand zusammenhängender und in verschiedenen Kategorien eingeteilter Werte lässt sich ein Überblick verschaffen, durch welche Begriffe das Unternehmen wert-voller werden soll, welche noch bewussten Fokus benötigen und welche bereits umgesetzt und gelebt werden.

Appreciative Inquiry

Sich mit organisatorischen oder persönlichen Werten zu beschäftigen, ist ein respektvoller Weg. Wenn Sie Respekt für die Kraft der Konversation kombinieren mit der Dankbarkeit für die gut funktionierenden Dinge in Ihrer Arbeitsumgebung, nutzen Sie Appreciative Inquiry. Fokussieren Sie Ihre Diskussionen auf das, was bereits läuft, um die Einstellungen zu fördern, die Mitarbeiter zum Wachsen und Verändern brauchen.

Die Appreciative Inquiry (engl.: wertschätzende Untersuchung), kurz AI, ist ein werteorientierter Ansatz, der in den USA entwickelt und das erste Mal 1987 in einem Artikel veröffentlicht wurde (Cooperrider und Srivastva 1987). Sie ist ein Konstrukt, das seine Kernideen mit denen des POS teilt und wurde ursprünglich als Werkzeug für den organisationalen Wandel entwickelt.

Ähnlich wie bei der Nutzung bewussterer positiver Sprache verhält es sich mit dieser Großgruppenmethode: Wir bewegen uns in verschiedenen Systemen (z. B. im Unternehmen, der Familie, der eigenen Person). **Dabei reden wir jedoch nicht über die Welt, wie wir sie sehen, sondern wir sehen die Welt so, wie wir**

[4]http://goo.gl/O0f2Eh (Zugriff 13.11.2014).

darüber sprechen (Lewis et al. 2008). AI konzentriert sich aus diesem Grund auf Stärken, Positives, das Potenzial des Unternehmens.

Hat man die gewünschte Richtung, Veränderungsziele und –bedürfnisse, bringt man alle relevanten Menschen zu einem ein- oder mehrtätigen Treffen zusammen, an dem die vier Dimensionen der AI anhand des „4D-Models" exploriert werden.

- **Discovery** – Es werden Informationen über den aktuellen Stand des Unternehmens gesammelt. In Gesprächen interviewen Stakeholder einander darüber, was funktioniert, welche Erfolge es zu verzeichnen gibt, welche Stärken das Unternehmen auszeichnet, welche inspirierenden Geschichten bestehen. Wiederholt auftretende Themenfelder aus diesen Interviews werden dokumentiert.
- **Dream** – In einer zweiten Runde von 1-zu-1-Interviews sollen die Teilnehmer anhand der Themenfelder über Möglichkeiten für die Zukunft sprechen – für sich und das Unternehmen. Im nächsten Schritt diskutieren kleine Gruppen über ihre Träume und verbinden diese Visionen mit den Zielen der Organisation. Die Gruppen werden dazu eingeladen, „dream maps" zu erstellen – Kollagen von Bildern, die dieses Streben illustrieren, und Sketche vorzuführen, die ihre Vision für die Zukunft porträtieren.
- **Design** – Es werden Gruppen mit anderen Teilnehmern organisiert, die darüber sprechen, wie diese Träume konkret in die Realität umgesetzt werden können. Jede Gruppe soll schriftliche Empfehlungsschreiben oder Zukunftsentwürfe formulieren, die gewünschte Ergebnisse beschreiben als wären sie längst Realität.
- **Destiny** – Die Empfehlungsschreiben werden in Aktionsschritte umgesetzt. Bei diesem Schritt verpflichten sich die Teilnehmer den Arbeitsgruppen, die damit beauftragt werden, die gewünschten Träume zu erreichen.

Da die Interviews gefüllt sind mit positiven Beispielen, Geschichten und Erlebtem, stellen sie aus organisationspsychologischer Sicht bereits eine Intervention dar, die eine kritische Sicht positiver gestalten kann (Dittrich-Brauner et al. 2008).

Den Effekt der AI können Sie auch schon im Kleinen erfahren, wenn Sie neue Mitarbeiter mit einer **positiven Einführung** in ihr Unternehmen bestücken. Lassen Sie die Besitzer von Erfolgsgeschichten den neuen Kollegen von ihren besten Momenten erzählen, die sie mit ihrer Firma erlebt haben. Noch besser: Statten Sie die neuen Mitarbeiter mit „AI-Fragen" aus und lassen Sie sie ihre zukünftigen Kollegen über ihre stolzesten Errungenschaften bei der Arbeit interviewen. Das wird sowohl die neuen als auch die erfahrenen Kollegen in spannende und auflockernde Diskussionen bringen und die Bindung zum Unternehmen erhöhen.

Hoch qualitative Verbindungen (High Quality Connections)

Aus solchen positive Zukunft schaffenden Zusammenkünften wie der AI gehen Teilnehmer häufig hoch motiviert und voller Ideen heraus. Wenn – wie das im vierten Schritt vorgesehen ist – auch zeitnah Aktionen durchgeführt werden, um die erdachte Zukunft zu realisieren, ist die Wahrscheinlichkeit höher, dass diese Motivation anhält und Mitarbeiter langfristig mit Schaffenskraft versorgt.

Sie kennen zudem die andere Seite: Sie haben sich Positives vorgenommen, dazu ein Buch gelesen oder ein Video angeschaut, möglicherweise ein Seminar besucht. Und nach spätestens drei Tagen ist die erste Motivation verflogen, der Alltag hat Sie eingeholt, die Ausrede „hier funktioniert das einfach nicht" wird verlockender.

Jetzt kommen die Mitmenschen und deren Verhalten ins Spiel. Wir alle haben täglich Interaktionen mit anderen, die zerstörerisch, neutral oder von hoher Qualität sind. Personen aus letzter Kategorie, die sogenannten „positive energizers" (Cross et al. 2003) an der Seite zu haben, die Sie nach jeder Interaktion fröhlicher, vitaler, gestärkt und froheren Mutes hinterlassen, sind von unschätzbarem Wert. Sowohl für die eigene Motivation, Inspiration, zum Einholen von Feedback oder auch als durch harte Zeiten bringende Energiespender.

„Positive energizers" – so die Forschung von Cross und Kollegen – leisten mehr, befähigen darüber hinaus andere, dies zu tun und helfen damit ihrem Unternehmen insgesamt zu einem höheren Leistungsgrad.

Um in einer Organisation eine positivere Kultur zu schaffen, lohnt es sich folgerichtig, High Quality Connections (HQCs) zu bilden und zu fördern. Energize your workplace (Dutton 2003) beschreibt die Macht von hoch qualitativen Verbindungen am Arbeitsplatz. Auch wenn sich – alleine aufgrund der zusammen verbrachten Zeit – bei der Arbeit häufig intensive, tiefgehende und über Jahre andauernde Freundschaften mit Kollegen bilden, sind bei den HQCs vielmehr *die* zwischenmenschlichen Verbindungen gemeint, die sich durch gegenseitige positive Wertschätzung, Vertrauen und aktives Engagement auf beiden Seiten auszeichnen.

Wenn sich beide Seiten komplett für den anderen engagieren, ist oft ein hohes Energielevel, eine starke Vitalität zu verzeichnen, die zu lebensverändernden Momenten führen kann. Obwohl nicht zahlreich, haben die Momente eine signifikante Auswirkung auf unser physisches und psychisches Wohlbefinden und die Fähigkeit, eine sich positiv abhebende Umwelt zu schaffen.

Wertschätzendes, vertrauensvolles und engagiertes Miteinander entsteht einerseits natürlich durch positive Erfahrungen mit dem jeweils anderen. Weiterhin werden aber auch hier die Welt und damit die darin entstehenden Erfahrungen durch Sprache geschaffen.

Nennenswert ist, dass der Fokus dieser qualitativ hochwertigen Beziehungen nicht auf einem häufigen, zeitaufwendigen Rhythmus liegen muss. Es sollten vornehmlich aufrichtige, vertrauensvolle Begegnungen sein, die beide Seiten nicht nur genießen, sondern auch als energetisierend empfinden, damit eine ansteckende, das gesamte Unternehmen betreffende Aufwärtsspirale ihren Lauf nehmen kann.

Hat man ein solch hochwertiges Netzwerk aufgebaut, ist eine Grundlage geschaffen, die Arbeit als mehr zu betrachten als nur einen Job.

Die Job-Schmiede (Job-Crafting)

Ebenfalls aus dem CPOS entstammt das Job-Schmieden, das mit positiven Ereignissen wie erhöhtem Engagement, stärkerer Resilienz und damit verbunden auch einer höheren Zufriedenheit zusammenhängt (Berg et al. 2008[5]. Job-Crafting ist eine Methode, um die **Passung zwischen dem Einzelnen, seiner Arbeit und der Organisation herzustellen**.

Aufgaben und Projekte werden dabei auf eine Weise zugeschnitten, dass sie für den Mitarbeiter gewinnbringender und sinnvoller werden. Und zwar, indem sich die Person mit ihrer Identität stärker mit den Aufgaben verbunden fühlt, so dass das „sein, wer man ist" bei der Arbeit wichtig wird und somit im Sinne einer positiveren Organisationskultur effektiv und nützlich. Folglich werden persönliche Ziele des Mitarbeiters und die Ziele des Unternehmens stärker in Einklang gebracht und erhöhen ebenfalls die Wettbewerbsfähigkeit der Organisation.

Die Jobschmiede verläuft in aufeinanderfolgenden Schritten (Illig 2013):

1. Schritt: Bestandsaufnahme

Listen Sie Ihre aktuellen, am Tag anfallenden **Tätigkeiten** auf und halten Sie sie auf Post-Its einer bestimmten Farbe oder Form fest. Wiederholen Sie dies – auf andersfarbigen Zetteln – mit den **Beweggründen** (z. B. „etwas voranbringen"; „die nächste Hierarchiestufe erreichen"; „ich hole das Potential anderer heraus"), durch die Sie Ihre Aufgaben gut erledigen. Weiterhin listen Sie die Ihnen zugehörigen **Stärken** auf, mit der Sie die Aufgaben kompetent erledigen. Nutzen Sie wiederum andersfarbige Sticker. Jetzt haben Sie drei verschiedene Kategorien auf Zetteln festgehalten, die Sie im nächsten Schritt flexibel miteinander kombinieren können.

[5] www.jobcrafting.org, Zugriff am 15.11.2014.

2. Schritt: Kombinationen dessen, was ist
Verschieben und legen Sie die erstellten Zettel zum Status quo, so dass Tätigkeiten, Motive und zugehörige Stärken nebeneinander liegen. Bei welchen Aufgaben können keine Ihrer Stärken realisiert werden? Können Sie diese Aufgaben abgeben oder andere, bisher ungenutzte Stärken einsetzen? Bewährte bestehende Routinen können bestehen bleiben. Nicht passende Kombinationen sollten Sie im nächsten Schritt überdenken und anhand der Zettel neu kombinieren.

3. Schritt: Neugestaltung
Ordnen der Zettel zu verschiedenen neuen Kombinationen. Ordnen Sie weitere Stärken oder Beweggründe z. B. anderen Aufgaben zu. Möglicherweise gibt es Aufgaben, die ein Kollege bisher mit Missfallen erledigt hat, die Sie lieber und qualitativ besser bearbeiten würden.

> Besonders interessant wird die Anwendung aber für Aufgaben, die nun mit Stärken und Motiven kombiniert werden, die man dazu noch nicht erwogen hat. Man kann mit ‚Organisationstalent' und ‚etwas voranbringen' auch folgende Aufgaben kombinieren: Teams zusammensetzen, Events gestalten, Menschen an einen Tisch holen […]. (Illig 2013)

Diese Übung fordert von Führungskräften etwas Mut, denn häufig bestehen Arbeitsplatzbeschreibungen und dazugehörige Aufgaben seit Jahren und müssen erst aufgebrochen werden. Dieses Risiko nehmen viele Führungskräfte aus Angst vor Misslingen nicht in Kauf.

Dabei wäre es günstiger, effizienter und motivierender, einzelne Aufgaben neu zu verteilen, anstatt einen frischen Mitarbeiter einzustellen, der bestimmte zu erledigende Aufgaben vermeintlich besser kann.

Stärkenbasierte Personalauswahl und -entwicklung

Effektiv wäre Personalauswahl, wenn man – nach Wrzesniewskis Kategorisierung – von Beginn an Mitarbeiter auswählte, die mit Herz bei der Sache sind, ihren Job als Berufung und an sich als belohnend ansehen.

Unglücklicherweise schlagen viele Unternehmen noch immer traditionelle Wege ein: sie schauen nicht nach Leidenschaft und versuchen überwiegend, die Menschen den Jobs anzupassen, anstatt die Jobs um die Menschen und deren Stärken und Talente zu formen.

Stellt man neue Mitarbeiter für ein Aufgabengebiet oder Unternehmensbereich ein oder möchte vorhandene interne Kollegen durch Trainingsmaßnahmen entwickeln, lohnen sich Strategien, um diese Menschen wirklich für ihr Arbeitsleben zu engagieren.

Buckingham und Clifton (2001) diskutieren in ihrem Buch Now, discover your strengths Möglichkeiten, die die dauerhaften und einzigartigen Talente der Mitarbeiter realisieren und daraufhin an *die* Plätze im Unternehmen setzen, an denen diese Talente maximal genutzt und ausgereizt werden können. Mit dem feinen Nebeneffekt, dass das Engagement dieser Menschen um ein Vielfaches höher ist als noch an ihrem alten Arbeitsplatz.

Die Autoren sind der Überzeugung, dass die Verstärkung des Engagements von Mitarbeitern alleine eine positive und erfüllende Umgebung schafft.

> People don't change that much. Don't waste time trying to put in what was left out. Try to draw out what was left in. That is hard enough. (Buckingham und Coffman 1999, S. 57)

Zahlreiche Unternehmen nutzen alleinstehende oder in Assessment Center (AC) eingebettete Interviews, die kompetenzgeleitet sind und herausfinden sollen, ob ein Bewerber genug von einer Fähigkeit (wie z. B. Konflikt- oder Entscheidungsfähigkeit) hat oder für z. B. eine bevorstehende Führungsaufgabe (vermeintlich) ungeeignet ist.

Das Centre for Applied Positive Psychology (CAPP) um Alex Linley hat einen Interviewleitfaden entwickelt, der darauf abzielt, die Leidenschaften eines Bewerbers zu ermitteln, von welcher Art Aktivitäten und Arbeitsumgebung er Energie bezieht und motiviert wird (Floyd 2013). Die sogenannten *strengths-based interviews* sind flexibel einsetzbar. Sie können 20 oder auch 120 min dauern, im Zweiergespräch, am Telefon oder via Videokonferenz abgehalten werden, durch das CAPP selber oder einen in dieser Interviewart trainierten Berater aus Ihrem eigenen Unternehmen durchgeführt werden.

Mögliche Fragen könnten sein:

- Was fällt Ihnen leicht bei der Arbeit?
- Welche Dinge geben Ihnen Energie anstatt Sie Ihnen zu entziehen?
- Auf welche Aufgabe(n) freuen Sie sich im neuen Job am meisten?
- Ziehen Sie es vor, Aufgaben zu beginnen oder sie zu beenden?
- Wenn Sie – unabhängig von Kosten und Zeitaufwand – heute ein Projekt für sich kreieren könnten, an dem Sie morgen anfingen, zu arbeiten – welches wäre das?

- Welche Aufgabe würden Sie keinesfalls abgeben?
- Was könnten Sie den ganzen Tag lang machen, ohne dass es Ihnen jemals langweilig würde? Warum?

Vorteile ergeben sich laut Linley und Kollegen nicht nur für die Interviewer, sondern ebenfalls für den Interviewten, der sich nicht mit vorher auswendig gelernten Antworten durch ungemütliche Fragen navigieren muss, sondern ehrlich über das sprechen kann, was er liebt und gerne an seinem neuen Arbeitsplatz ausführen würde.

Für die Personalentwicklung bietet es die Möglichkeit, kleine Einblicke in die Erfolge anderer Menschen zu haben, in deren Leidenschaften, Stärken, Kreativität und Ideen. Und passt ein interner Kandidat (noch) nicht zu einer Stelle, liegen zumindest neue Informationen vor, die für den aktuellen Vorgesetzten und andere potentielle Aufgaben wertvoll sein können.

Es ist also weniger zielführend, die roten Balken in einem AC-Ergebnisbericht durch „Nachhilfe" anhand von Coachings, Trainings oder mehr Druck auf das Level der orangenen anzuheben. Vielmehr sollten die Maßnahmen mutig genutzt werden, die herausstechenden grünen Balken auszubauen und in anderen Arbeitsgebieten einzusetzen, ohne sie über die Maße zu strapazieren.

3.2 Anwendung in Teams

Durch Kollaboration auf häufig spezifischem Raum produzieren Teams außerordentliche Ergebnisse. Teammitglieder können sich integrieren und untereinander in synergetischer Weise verbinden. Das können Einzelpersonen nicht.

Es gibt viele von der Positiven Psychologie herausgehobene Faktoren und Eigenschaften, die Teams und ihre Mitglieder befähigen, zu florieren und Höchstleistungen zu erbringen (siehe z. B. Positivity Ratio). Viele dieser Faktoren und Fähigkeiten können mit psychologischen Tests evaluiert werden – z. B. mit dem Stärkeninventar *Values in Action*.

Values in Action – Stärkeninventar (VIA-IS)

Ein Katalog von 24 Charakterstärken, der über verschiedene Kulturen psychologische Stärken und Tugenden messbar macht, ist der VIA-IS (Values in Action – Inventory of Strengths). Er wurde unter der Leitung der Psychologen Chris Peterson und Martin Seligman in Zusammenarbeit mit dem amerikanischen Values-In-Action (VIA)

Institute entwickelt (Peterson und Seligman 2004). Mithilfe dieses Fragebogens kann ein Mitarbeiter seine „Signaturstärken“ herausfinden[6] und zusätzlich die 24 Stärken sechs verschiedenen Tugenden zuordnen.

Gleichfalls kann der VIA anhand von Stärkenprofilen und der grafischen Aufbereitung der unterschiedlich ausgeprägten Eigenschaften der Teammitglieder für die Teamstruktur oder –bildung dienen und z. B. Lücken oder ein Überangebot bestimmter Fähigkeiten anzeigen, aufgrund derer strategische Schritte gesteuert werden können.

Um eine praktische Anwendung der Ergebnisse zu verdeutlichen, könnte eine Mitarbeiterin, deren Top-Stärke die Dankbarkeit ist, 30 Tage lang mindestens ein Mal am Tag ein Danke gegenüber Fremden, Kollegen oder Führungskräften, Kunden oder eigenen Mitarbeitern aussprechen[7]. Solche Phasen – bleiben sie authentisch und ungezwungen – haben eine Sogwirkung und springen schnell positiv auf andere Kollegen über, die sich wiederum bestimmter schöner Momente am Tage bewusster werden.

Three Good Things oder: die Komplimente-Runde

Drei Highlights vom Arbeitstag aufzuschreiben, kann jeder Mitarbeiter für sich selbst erledigen. Dazu sind am Feierabend nur 5 min notwendig, in denen Nettigkeiten der Kollegen, eine spannende Projektchance oder ein gut über die Bühne gebrachter Vortrag festgehalten werden können.

Setzt man diese schöne Übung ein Mal die Woche in einer Teamrunde fort (z. B. im Jour fixe), kann daraus eine kraftvolle Methode werden, die einen positiven Start in die Woche generiert.

Beispiel: Abhängig von der Größe des Teams kann jedes Teammitglied für jedes andere ein bis drei Komplimente, Danksagungen oder Highlights sammeln, die vor versammelter Mannschaft verkündet werden. Z. B. ein Kompliment an die Chefin, die es in der letzten Woche geschafft hat, das Team zu einer abteilungsweiten Bestleistung zu bringen oder kritisches, aber wertvolles und wertschätzendes Feedback gegeben hat.

Wichtig ist, *den Grund* für die Dankbarkeit zu transportieren, damit die bedankten Kollegen die positiven Folgen ihrer Handlungen wahrnehmen.

---

[6]siehe VIA Signature Strengths Assessment, Zugriff 11.2.2012 von http://goo.gl/20mOnA.

[7]Weitere Beispiele siehe Tomoff, M. (2011). Zugriff 16.11.2011 von http://goo.gl/ST5XK9.

Ein weiterer positiver Nebeneffekt: das Gehirn sucht nicht nur aus den letzten Stunden oder Tagen positive Punkte, sondern wird durch die Übung trainiert, dies täglich und in zahlreichen Situationen zu tun. Zur selben Zeit – weil unser Gehirn nur eine begrenzte Kapazität hat – werden lästige Kleinigkeiten stetig aus dem Fokus geschoben und seltener wahrgenommen.

Eine Variation der Three Good Things-Übung ist das Tagebuch über positive Erlebnisse. Chad Burton und Laura King (2004) entdeckten größeres Wohlbefinden und weniger Krankheitssymptome bei Probanden (gegenüber einer Kontrollgruppe), die instruiert wurden, dreimal pro Woche für 20 min detailreich über eine positive Erfahrung zu schreiben. Schriftliches Festhalten hat einen noch stärkeren Effekt auf unsere Gewohnheiten als verbale Äußerungen.

Die Ergebnisse solcher Journale können ebenfalls in Teamrunden oder gegenüber den Teamkollegen ausgetauscht werden.

Dank-Stelle

Ein mir liebes Werkzeug aus meiner eigenen Praxis ist die Dank-Stelle. Gibt es innerhalb des Teams Ressentiments, Dankbarkeit verbal zu äußern, ist sie ein probates Mittel mit langfristigem Effekt, sich bei Kollegen erkenntlich zu zeigen. Dazu sammeln die Teammitglieder füreinander oder nur für einen bestimmten Kollegen Dinge, für die Sie ihm dankbar sind und stecken diese Zettelchen in einen kleinen, möglicherweise selbstgebastelten Karton (Abb. 3.1). Der Empfänger kann sich sodann – je nach Bedarf – aus der Sammlung dankbarer Äußerungen bedienen und sich über deren Inhalt freuen.

Solch eine Wunderbox kann natürlich ebenfalls zu Geburtstagen, Jubiläen oder bei Fortgang eines Mitarbeiters kreativ erstellt werden und über das Verlassen hinaus zu einer positiven Bindung an das Unternehmen führen.

Positive Meetings und Storytelling

Storytelling ist eine Methode, die gleichzeitig emotionale Tiefe erlangt und Zusammenhänge leichter verständlich macht. Und es ist eine Methode, die nicht nur im klinischen Bereich einen nachgewiesenen und lang anhaltenden Nutzen für Physis und Psyche zeigt (Greenberg und Lopez 2008).

In Zeiten, in denen PowerPoint-Spiegelstriche oder Checklisten die (virtuellen) Schreibtische füllen, ist eine emotionale Geschichte mit Humor, einem Aha-Effekt oder einem offenen Ende zum Nachdenken weiterhin ein Weg, um

Abb. 3.1 Die Dank-Stelle

Verständnis, Commitment und Motivation zu schaffen. Und damit eine positive Team- und Unternehmenskultur.

Das Ritz-Carlton zelebriert diese Art der Führung und Inspiration seit langer Zeit in ihren *Daily Line-Ups*, in denen sich die verschiedenen Teams der Hotelkette weltweit für ein paar Minuten zusammenfinden und von ihren Erlebnissen mit den Gästen berichten. Das Ritz-Carlton macht damit wiederholt einzigartige Erfahrungen, die den Einsatz und die authentische Freundlichkeit ihrer Ladies and Gentlemen vorleben und damit eine positive Arbeitsumgebung schaffen, die das Engagement der Mitarbeiter stimuliert und zu weiteren (be)merkenswerten Geschichten führen[8].

Aber auch Teams, die nicht im direkten Kontakt mit Kunden stehen, können kleine Erfolge in solchen Meetings aufzählen und zu einer akzeptierten, gern gehörten und gesehen Feedbackkultur machen, die von Mitarbeiterengagement berichtet und Ideen für ein positiveres, gemeinsameres Zusammenarbeiten schaffen.

---

[8]The Ritz-Carlton Leadership Center. (2013). The Ritz-Carlton: A Tradtion of Storytelling. Zugriff 12.04.2013 von http://goo.gl/grTxsN.

Kommunizieren von Stärken

Die Stärken der Teammitglieder durch Tests wie den VIA-IS (siehe Kap. 3.2.1), den Realise2 (siehe Kap. 3.3.3) oder den StrengthsFinder (siehe Kap. 3.3.4) herauszufinden, ist der erste Schritt. Wie nach der Durchführung von 360°-Feedbacks ist das *Wissen* um die Stärken nicht ausreichend. Auch die Kommunikation dieser sollte folgen, um Gebrauch des Wissens zu machen und – im Sinne des PsyCap – Hoffnung, Selbstwirksamkeit, Resilienz und Optimismus eines Mitarbeiters zu steigern.

Wenn Sie ein Analytik-Genie sind und Sie das Arbeiten mit Excel-Tabellen in einen Flow-Zustand versetzen kann, haben das Ihre Kollegen wahrscheinlich schon bemerkt. Es sei denn, Sie haben aufgrund Ihrer Aufgaben bisher nicht mit Excel arbeiten können.

Durch kreative und humorvolle Label an der Bürotür („Tabellen-Guru" oder „Rechenschieber"), Poster an Ihrer Bürowand („Ein Tag ohne Kuchen ist ein verlorener Tag" ≥ Geburtstagskuchenbäcker?), Details über die Person in den Unternehmensinfos („organisieret in der Freizeit gerne die Mitgliederversammlung des Taubenzüchtervereins" ≥ Organisationstalent?) oder T-Shirts („Kreativ-Monster") wird es Kollegen leichter gemacht, mit bestimmten Aufgaben auf bestimmte Stärken-Inhaber zuzugehen und win-win-Situationen herzustellen. Voraussetzung ist hier, dass die Kollegen im Gegenzug ebenfalls passende Aufgaben übernehmen.

3.3 Anwendungen bei Individuen

ACR

Die Gesprächstechnik des aktiv-konstruktiven Antwortens (ACR = active-constructive responding) auf von einem Kollegen positive Ereignisberichte anzuwenden, erhöht ebenfalls die Arbeitszufriedenheit (Seligman 2008).

Martin Seligman sieht vier Möglichkeiten, mit denen man auf „Gute Neuigkeiten! Ich bin befördert worden und habe noch eine Gehaltserhöhung bekommen!" reagieren könnte[9]:

1. **aktiv zerstörend**: „Das hört sich nach viel Verantwortung an, die du dir da aufbürdest. Das bedeutet wahrscheinlich komplexere Arbeit und mit Sicherheit längere Arbeitszeiten."
2. **passiv zerstörend**: „Was machen wir morgen Abend?"

[9]Tomoff, M. (2013). Zugriff 20.05.2013 von http://goo.gl/Vgbj1s.

3. **passiv konstruktiv**: „Das sind ja gute Neuigkeiten."
4. **aktiv konstruktiv**: „Das ist ja großartig! Ich bin so stolz auf dich. Ich weiß, wie wichtig die Beförderung für dich war. Erzähl mir genau, was passiert ist!"

Den Infogeber interessiert nach Details zu fragen und ihn dazu zu bringen, die als schön erlebte Situation noch einmal im Detail zu durchleben, wird beide Gesprächspartner beleben und ein stärkeres Band zwischen ihnen knüpfen.

Weiterhin birgt es die Möglichkeit, durch diese Erzählungen von Best Practices zu erfahren oder über die Stärken des Gegenübers zu lernen.

Das beste Selbst (Reflected Best-Self)

Um die jedem Mitarbeiter und jeder Organisation innewohnenden Stärken zu entdecken und zu implementieren, hat das Gallup Institut eine Übung kreiert, die sich das Reflected Best-Self nennt (frei übersetzt: das beste Selbst).

In vier Schritten (Tomoff 2012) soll einer Person dazu verholfen werden zu verstehen, wie sie von anderen zu ihren besten Zeiten wahrgenommen wird und wie sie dieses Wissen nutzen kann, um ihren Job mehr auf ihre Stärken und ihre Leidenschaften auszurichten (siehe Kap. 3.1.5):

Schritt 1: Fragen Sie andere nach Ihren Stärken

Sammeln Sie 5–10 Personen aus Ihrer Umgebung (aktueller oder ehemaliger Kollegenkreis, Familie, Freundeskreis, etc.), die Ihnen drei Beispiele nennen können, wann Sie Ihr bestes Selbst waren und etwas auf besonders gute Weise erledigt haben.

▶ Einigen Menschen ist es zu unangenehm, eine solche Bitte an andere zu richten. Ein möglicherweise positiv überraschender Schritt kann es sein, Ihrer Bitte drei herausragende Momente beizulegen, die Sie bei Ihrem möglichen Feedbackgeber als bestes Selbst wahrgenommen haben. Die Regeln der menschlichen Reziprozität (also Gegenseitigkeit im sozialen Austausch) werden Ihnen vermutlich drei nützliche Momente beschaffen (Fowler und Christakis 2010; Naquin und Kurtzberg 2009) und nicht nur das Gefühl, Bittsteller zu sein.

Schritt 2: Identifizieren Sie Muster

15–30 vorliegende Momente Ihrer Feedbackgeber werden höchstwahrscheinlich Muster und Themenfelder aufweisen. Identifizieren Sie diese und gruppieren Sie die Antworten. Sind Sie z. B. in spezifischen Situationen stark? In Gegenwart bestimmter Personen? Zu wiederkehrenden Zeiten oder mit stets ähnlichen Eigenschaften?

Schritt 3: Schreiben Sie Ihr Stärken-Profil

Verknüpfen Sie die identifizierten Stärkenbereiche und verschriftlichen Sie, unter welchen Bedingungen Sie worin laut Ihrer Mitmenschen stark sind.

Schritt 4: Wo können Sie Ihre Stärken noch ausspielen?

Damit haben Sie zweierlei: eine Hilfe für zukünftige Situationen und Entscheidungen, Ihre Stärken noch besser einzusetzen und zweitens ein Schriftstück für schwierige Zeiten, in denen Sie die Rückmeldungen wieder zur Hand nehmen und Selbstbewusstsein auftanken können.

Die Durchführungen dieser Übung in Ihrem Team oder unternehmensweit wird Ihnen erlauben, Wege zu finden, Aufgaben, Projekte oder Verantwortlichkeiten so zu organisieren, dass das Potential der Mitarbeiter optimal genutzt wird und dadurch Leistungssteigerung in Verbindung mit höherer Mitarbeiterzufriedenheit entstehen können.

Realise2

Ein weiterer Stärkentest, der darüber hinaus Schwächen analysiert, ist der vom CAPP entwickelte Realise2[10]. Die Zweideutigkeit im Namen weist darauf hin, dass es viele Stärken gibt, die Mitarbeiter noch nicht als solche wahrgenommen haben oder zwar kennen, bisher aber noch nicht umgesetzt haben.

Der Test gibt 60 Stärken wie z. B. Humor, Optimismus oder Dankbarkeit in den drei Dimensionen Energie, Leistung und Nutzung wider[11]. Die jeweilige Eigenschaft wird in eine von vier Kategorien sortiert:

1. *realisierte Stärke,*
2. *unrealisierte Stärke,*
3. *erlerntes Verhalten* oder
4. *Schwäche.*

Die Unterscheidung zwischen einer Stärke und einem zwar gut ausgeführten, aber erlernten Verhalten ist dabei von besonderer Bedeutung, wenn das Energielevel

[10]Mittlerweile heißt der Test „R2 Strengths Profiler" und die Zweideutigkeit ist dahin.

[11]CAPP. (2014). Realise2. Zugriff 10.09.2014 von http://goo.gl/zDvHCj.

der Person betrachtet wird. Erlerntes Verhalten kostet stets mehr Energie als eine Stärke, die einer Person in natürlicher Weise von der Hand geht.

Der Ergebnisbericht kommt mit zahlreichen Fragen, die anregen, Stärken auszubauen oder zu regulieren beziehungsweise Schwächen irrelevant zu machen oder zu umgehen. Es bietet der getesteten Person damit eine hilfreiche Arbeitsunterlage, um die Leistung insgesamt, das Energielevel und den Nutzen der Fähigkeiten voran zu treiben.

Für Teams kann – nach Abstimmung mit den Teammitgliedern und einem etwaigen Betriebsrat – eine SWOT-Analyse ausgegeben werden, die nicht nur Stärken und Schwächen einzelner Personen listet, sondern auch die Top-Stärken und –Schwächen des gesamten Teams zeigt, sowie zusätzlich von Möglichkeiten und Gefahren berichtet, die durch das Überstrapazieren oder falsche Anwenden der Teamstärken entstehen können.

StrengthsFinder 2.0

Der StrengthsFinder, entwickelt von Gallups Tom Rath (2007), kommt mit einem leicht verständlichen Buch einher, das sowohl Anleitung als auch Interpretationshilfe darstellt. Nach dem 180 Fragen starken Online-Test liegt ein Ergebnisbericht vor, der aus 34 Stärkenthemen wie z. B. Analytik, Kommunikationsfähigkeit, Harmoniestreben oder auch Wettbewerbsorientierung die fünf Top-Talente auswirft. Diese gehören zu einem der vier Bereiche

1. *Streben (persönliche Motivation),*
2. *Beziehungen (interpersonale Fähigkeiten),*
3. *Wirkung auf andere (Selbstdarstellung)* oder
4. *Denken (Lernstil)*[12].

Zu jeder Top-Stärke werden zehn weiterführende Best-Practice-Hinweise hinzugefügt, die Hilfestellung zum weiteren Ausbau der Talente geben. Eine kommunikationsstarke Person bekommt beispielsweise den Hinweis, *die* Zuhörer aus ihrem Umkreis zu identifizieren, bei der ihre beste Kommunikation zum Vorschein kommt und daraufhin zu untersuchen, *warum* das genau bei diesen Menschen passiert.

---

[12]*mehr Hintergrundinformationen zum Test:*www.gallupstrengthscenter.com *(Zugriff: 05.05.2014).*

4 Positive organisationale Führung

Nachdem ich die organisationale, Team- und individuelle Ebene in Kürze aufgezeigt und Möglichkeiten eruiert habe, die zu einer stärkeren, positiven Kultur auf jeder Ebenen führen können, möchte ich in diesem Kapitel auf *die* Menschen eingehen, die meiner Meinung nach den Leim zwischen diesen Ebenen darstellen.

Die **Führungskräfte.**

4.1 Chancen und Risiken der Führungskräfte

Erfahrungsgemäß kann man eine Organisation – egal ob als Geschäftsführer, Coach oder Organisationsberater – nicht entwickeln. Entwickeln kann man nur die Menschen in ihr.

> Es gibt ein Gesetz, das jeder kennen muss, der in Organisationen etwas bewegen will: Prozesse laufen über Personen. Dies gilt ganz besonders für Entwicklungs- und Veränderungsprozesse. (Doppler und Lauterburg 2002)

Die Folge einer solchen Entwicklung kann eine (un)gewollte Veränderung in den Strukturen des Unternehmens sein.

In Unternehmen ist das *Leistungsmanagement* damit beschäftigt zu beobachten, wie der tägliche Einfluss der Führungskräfte auf die Leistung ihrer Untergebenen ist. Eine Umfrage des Corporate Leadership Councils (2002) mit 19.187 befragten Mitarbeitern brachte 50 verschiedene Treiber zutage, die Leistung beeinflussten.

Bemerkenswert an dem Befund war, dass Manager, die auf die Stärken ihrer Mitarbeiter fokussierten, im Durchschnitt einen 36,4 %-igen Leistungs*anstieg* erbrachten. Dagegen *fiel* die Leistung derer um bis zu 26,8 %, deren Führungskräfte

M. Tomoff, *Positive Psychologie in Unternehmen*, essentials,
https://doi.org/10.1007/978-3-658-21619-1_4

ihre Aufmerksamkeit auf Schwächen lenkte. **Ein Delta von durchschnittlich 63,2 %!**

Positiv gesehen ist Führung einer der besten Einflüsse, um einer Organisation zu guten Leistungen zu verhelfen (Whetten 2007). Im negativen Falle trifft der Ausruf Sprengers zu: „Menschen kommen zu Unternehmen, aber sie verlassen Vorgesetzte.“[1]

Doch, wie Christina Grubendorfer (2010) schreibt,

> werden „Vorgesetzte“ [häufig] alleinegelassen, bekommen selbst keine Antworten auf ihre drängenden Fragen nach Haltung und nach Positionierung.

Die Rolle von ehrlichem, zeitnahem und konstruktivem *Feedback* ist an dieser Stelle eine hervorstechende. Führungskräfte und ihre Mitarbeiter können ohne eine konkrete Rückmeldung nicht effektiv an den an sie gerichteten Erwartungen arbeiten, noch z. B. Flow fördernde, positive Emotionen unterstützende oder offene Kritik ermutigende Arbeitsbedingungen schaffen.

Trotz dieses Wissens sind Befragungssysteme wie z. B. 360°-Feedbacks in Deutschland insbesondere bei mittelständischen Unternehmen noch kein Standardprozedere, obwohl gerade sie dabei helfen, fälschliche Selbsteinschätzungen bezüglich der eigenen Stärken zu korrigieren und wertvolles Verbesserungspotential zurückzumelden. 360°-Feedbacks sind insofern hervorragend kompatibel zur Positiven Psychologie[2]. Ohne systematische Tools oder eine profilierte Feedbackkultur bleibt positive Führung schwierig.

Führungskräfte können auch ohne Ansage von oben Verantwortung übernehmen und außerordentliche Leistungen möglich machen, indem sie zuerst bei sich anfangen und eine Kultur der Dankbarkeit (siehe Kap. 3.2.3), des Vergebens von Fehlern, der positiven Sprache (siehe Kap. 3.1.1) und der Kommunikation von Stärken (siehe Kap. 3.2.5) schaffen.

Sie machen die Bühne frei für ein positives Klima. In Zeiten ständigen Wandels ist eine Führungskraft, die auf das Positive am Wandel fokussiert, selten und wertvoll. Und obwohl diese Haltung nicht die typische ist (siehe dazu *Bad is stronger than good*, Baumeister et al. 2001), ist sie es wert, trainiert zu werden.

---

[1]Sprenger R. K. (2008). Zugriff 28.07.2009 von http://goo.gl/Qz0J5G.

[2]siehe hierzu auch: Holtmeier S. (2014). Zugriff 25.10.2014 von http://goo.gl/gKMlLx.

4.2 Training und Implementierung positiver Führung

Wie aus den vorherigen Kapiteln ersichtlich ist, sind viele der genannten Interventionen und Methoden kostengünstig und eine Durchführung *on-the-job* realistisch.

Ob es die Verteilung von kleinen oder größeren Aufgaben zu den Stärken der Mitarbeiter ist, die positive Übergabe von komplexen Fragestellungen an eine Arbeitsgruppe, das Bedanken bei Kollegen oder anderen Ladies and Gentlemen, das Sammeln und Erzählen von beeindruckenden Geschichten in Teammeetings – alle diese Dinge benötigen keine großen finanziellen Mittel. Sie benötigen „nur" den Willen, sie zu tun und die Kontinuität, um sie auszuweiten und als gängige Praxis zu etablieren.

Möchten Sie in Ihrer Organisation oder als Führungskraft trotz druckvoller Zeiten ein offizielles Zeichen für den Kulturwandel setzen und nicht nur die Anleitung, sondern auch die Evaluation der Effekte professionell auslagern, sind mittlerweile validierte und mehrjährig getestete Ausbildungsprogramme für Unternehmen und Einzelpersonen auf dem Markt, die sich darum kümmern, wie z. B. **CORPORATE HAPPINESS ALS FÜHRUNGSSYSTEM** (Haas 2014).

Dort wird von der Kommunikation mit der Geschäftsführung, über das Training von „Leuchttürmen" im jeweiligen Unternehmen bis hin zur Evaluation harter Messgrößen (wie z. B. Krankheitstagen, Umsatz- oder Ertragszahlen) der gesamte Veränderungsprozess übernommen. Und das kann schon mal zu begehrten HR-Preisen führen…[3]

Ein erster Schritt in Richtung Tun und ein Kompromiss zwischen do-it-yourself- und professionellem Ansatz ließe sich mit Kim Camerons *Positive Leadership Assessment* (Cameron 2012) und dem Fragebogen zur *Implementierung von Positive Leadership* (Cameron 2012) gehen.

Camerons 24 Items umfassender Fragebogen gibt Führungskräften die Möglichkeit, kritisch auf die bereits praktizierten positiven Aspekte ihrer Führung zu schauen und Ideen für weitere zu bekommen (Tab. 4.1, 4.2).

[3]Corporate Happiness (2013). Zugriff 01.05.2014 von https://goo.gl/bk1kkR.

Tab. 4.1 Positive Leadership Assessment nach Cameron (2012). (Quelle: Illig 2013, S. 165 ff.)

	Positive leadership assessment	nie	selten	manchmal	gelegentlich	immer
	Wie oft/inwiefern...	*1*	2	*3*	*4*	*5*
1	Informieren Sie als Leader im Team über die Schwierigkeiten anderer Kollegen, damit Ihre Mitarbeiter besser Bescheid wissen, um sich gegenseitig auszuhelfen?	–	–	–	–	–
2	Ermutigen Sie, sich gegenseitig emotional zu unterstützen und schaffen Rahmenbedingungen dafür?	–	–	–	–	–
3	Zeigen Sie eher Fehlertoleranz Ihren Mitarbeitern gegenüber als sie zu bestrafen oder nachtragend zu sein?	–	–	–	–	–
4	Zeigen Sie gegenüber Mitarbeitern, die sich falsch verhalten haben, Unterstützung und Ermutigung als Beweis für Ihre Toleranz?	–	–	–	–	–
5	Drücken Sie täglich Ihre Dankbarkeit gegenüber mehreren Mitarbeitern aus?	–	–	–	–	–
6	Machen Sie es sich zur Routine, täglich Dankbarkeit durch Besuche am Arbeitsplatz oder eine persönliche Notiz auszudrücken?	–	–	–	–	–
7	Stellen Sie sicher, dass Mitarbeiter emotionale, intellektuelle oder physische Unterstützung geben ebenso wie sie diese Unterstützung von anderen bekommen?	–	–	–	–	–
8	Zeigen Sie selbst positive Energie und erkennen und ermutigen Sie andere, die positive Energie ins Unternehmen bringen?	–	–	–	–	–
9	Diagnostizieren Sie die „Energienetzwerke“ in Ihrer Organisation, um Mitarbeiter, die als Positive Drehkreuze fungieren, zu unterstützen und zu nutzen und um die Entwicklung von eher am Rand stehenden Mitarbeitern zu fördern?	–	–	–	–	–

(Fortsetzung)

Tab. 4.1 (Fortsetzung)

	Positive leadership assessment	nie	selten	manchmal	gelegentlich	immer
10	Geben Sie öfter Feedback bzgl. der Stärken von Mitarbeitern als Feedback zu deren Schwächen?	–	–	–	–	–
11	Verbringen Sie mehr Zeit mit Ihren besten Mitarbeitern als mit Mitarbeitern, die Defizite haben?	–	–	–	–	–
12	Gelingt Ihnen ein Verhältnis von ungefähr fünf positiven Verhaltensweisen für jede negative Interaktion?	–	–	–	–	–
13	Schaffen Sie für Ihre Mitarbeiter Gelegenheiten, um Feedback über deren Stärkenprofil zu bekommen und ihr Profil selbst weiterzuentwickeln?	–	–	–	–	–
14	Bringen Sie Ihre Wertschätzung für die Leistung der Mitarbeiter schriftlich zum Ausdruck, z. B. durch eine Mitteilung oder kurze Notiz, die Sie dem Mitarbeiter zukommen lassen?	–	–	–	–	–
15	Geben Sie negatives Feedback in konstruktiver Art, besonders indem Sie Fehlverhalten eher beschreiben als verurteilen und die Beziehung stärken?	–	–	–	–	–
16	Kritisieren Sie das Fehlverhalten und seine Konsequenzen und nicht die Person an sich, wenn Sie Menschen korrigieren oder negatives Feedback geben?	–	–	–	–	–
17	Etablieren, erkennen und belohnen Sie Ziele, die Menschlichkeit fördern und deren positive Wirkung auf andere Menschen spürbar wird? Halten Sie die Verbindlichkeit dieser Ziele aufrecht?	–	–	–	–	–
18	Würdigen Sie Werte von Mitarbeitern, die im Einklang mit den erreichten Zielen stehen und machen die Verbindung zwischen Leistung und Mitarbeiterwerten transparent?	–	–	–	–	–

(Fortsetzung)

Tab. 4.1 (Fortsetzung)

	Positive leadership assessment	nie	selten	manchmal	gelegentlich	immer
19	Stellen Sie den Bezug zwischen direkten Arbeitsergebnissen und einem erweiterten Horizont her und machen damit den Beitrag des Mitarbeiters zu längerfristigen Zielen nachvollziehbar?	–	–	–	–	–
20	Stellen Sie den Mitarbeitern gegenüber klar, dass Mitspracheziele wichtiger sind als vorgegebene Ziele?	–	–	–	–	–
21	Treffen Sie sich monatlich in einem Vier-Augen-Gespräch, um sich mit Ihren direkten Untergebenen auszutauschen?	–	–	–	–	–
22	Klären Sie mit Ihren Untergebenen die Erwartungen und Verantwortlichkeiten, die mit der Rolle der Mitarbeiter verbunden sind und sprechen über die Mission, Werte und die Kultur des Unternehmens?	–	–	–	–	–
23	Suchen Sie eine kontinuierliche Verbesserung und Entwicklung eines tragfähigen zwischenmenschlichen Verhältnisses zu Ihren direkten Untergebenen?	–	–	–	–	–
24	Haben Sie eine formalisierte Routine, in der Sie regelmäßig ein positives Klima, positive Beziehungen, positive Kommunikation und einen positiven Sinn in der Arbeit demonstrieren können?	–	–	–	–	–

Tab. 4.2 Umsetzung von Positive Leadership nach Cameron (2012). (Quelle: Illig 2013, S. 167 ff.)

Positive leadership umsetzen		
Positive leadership strategie	*Kontext*	
Zu Leidenschaft ermutigen	*Privat/Familienleben*	*Beruflich/Arbeitswelt*
Teile Informationen	–	–
Drücke Gefühle aus	–	–
Befähige zu angemessenen leidenschaftlichen Reaktionen	–	–
Ermutige zu Fehlertoleranz	*Privat/Familienleben*	*Beruflich/Arbeitswelt*
Nimm Verletzungen bei anderen wahr	–	–
Identifiziere die positive Absicht hinter einem Verhalten	–	–
Bewahre Contenance	–	–
Biete deine Unterstützung an	–	–
Nutze eine versöhnliche Sprache	–	–
Ermutige zu Dankbarkeit	*Privat/Familienleben*	*Beruflich/Arbeitswelt*
Unternimm Dankbarkeitsbesuche	–	–
Schreibe einen Dankbarkeitsbrief	–	–
Führe ein Dankbarkeitstagebuch	–	–
Fördere positive Energie	*Privat/Familienleben*	*Beruflich/Arbeitswelt*
Schaffe Möglichkeiten, andere zu unterstützen	–	–
Lebe positive Energie selbst vor	–	–
Diagnostiziere das Energienetzwerk im eigenen Bereich	–	–
Erkenne und verstärke positive Energizer	–	–
Halte schwarze Löcher in Grenzen	–	–
Kapitalisiere Stärken anderer	*Privat/Familienleben*	*Beruflich/Arbeitswelt*
Verbringe Zeit mit den besten Mitarbeitern	–	–
Schaffe Möglichkeiten für andere, ihre stärksten Stärken einzusetzen	–	–
Feiere regelmäßig positive Erfolge	–	–

(Fortsetzung)

Tab. 4.2 (Fortsetzung)

Positive leadership umsetzen		
Gebe Best-Self-Feedback	*Privat/Familienleben*	*Beruflich/Arbeitswelt*
Hole Informationen von Mitarbeitern ein über außerordentliche Beiträge einer Person	–	–
Leite andere an, ein eigenes Best-Self-Porträt (Wann sind Sie in Höchstform?) zu schreiben	–	–
Nutze Symbole, die dich an Stärken erinnern	–	–
Verwende unterstützende Kommunikation	*Privat/Familienleben*	*Beruflich/Arbeitswelt*
Schaffe 5:1-Verhältnisse in Gesprächen	–	–
Mache unterstützende Kommunikation zur Gewohnheit	–	–
Bei negativer Kritik beschreibe, werte nicht	–	–
Bleibe problem-, nicht personenzentriert bei negativer Kritik	–	–
Steigere den Sinn der Arbeit	*Privat/Familienleben*	*Beruflich/Arbeitswelt*
Stelle Zusammenhänge her zwischen Personen und Arbeitsergebnissen	–	–
Verbinde die Arbeit mit den persönlichen Werten der Mitarbeiter	–	–
Beschreibe die Langzeiteffekte von dem, was erreicht wurde	–	–
Verstärke Ziele, die Signifikantes beitragen und nicht nur Zahlen erreichen	–	–
Implementiere persönliche Besprechungen	*Privat/Familienleben*	*Beruflich/Arbeitswelt*
Veranstalte Meetings, um Rollen zu klären und direkte Reports zu vereinbaren	–	–
Veranstalte direkte 1:1-Reportgespräche	–	–
Schaffe Gelegenheiten, regelmäßig über persönliche Entwicklungen zu sprechen	–	–
Stelle regelmäßig Verbindlichkeit für kontinuierliche Verbesserung sicher	–	–

Da es für die persönliche Entwicklung von Vorteil ist, zeitnah Möglichkeiten wahrzunehmen, die zu positiverer Führung verhelfen, hat Cameron einen weiteren Fragebogen erstellt, der sich mit der Implementierung von PL beschäftigt.

▶ Gehen Sie diesen Fragebogen regelmäßig mit Ihren Mitarbeitern durch, sollte kein systematisches Feedback in Ihrem Unternehmen implementiert sein. Die gemeinsame Bearbeitung schafft Vertrauen in Sie und Transparenz über Ihre Entwicklungsschritte.

5 Der Blick in die Glaskugel

> *My hope is that positive psychology is a movement that will eventually disappear because it becomes part of the very fabric of psychology. Thus, it will fade as a campaign precisely because it has been so successful (Diener 2003, S. 120).*

Die Positive Psychologie der Arbeit ist jünger als die ohnehin extrem junge Disziplin der Positiven Psychologie selbst. Der Nutzen für die Wirtschaft ist bereits nachgewiesenermaßen immens. In Zukunft – so meine Annahme – wird die Anzahl der Firmen rasant steigen, die das Wissen um diese Forschungsergebnisse anwendet und die positiven wirtschaftlichen Folgen ernten wird.

Wo heute noch Burnout und Depression behandelt wird, ist morgen die **Prävention** und überwiegende psychosoziale Gesundheit die bessere und günstigere Alternative. Schon jetzt bewegen sich tausende von Dienstleistern mit ihren Angeboten in Richtung Schutz von Psyche und Körper, trotz hoher Leistungen.

Die Seriosität und damit Akzeptanz der Positiven Psychologie wird in den kommenden Jahren noch größer, weil objektivere Messungen zu objektiveren Ergebnissen führen werden. Die Technologien dafür stehen aufgrund **neurowissenschaftlicher Forschung** längst bereit. Wo momentan noch mit aufwändigen Maßnahmen Gehirnscans in Laboren zu neuen Erkenntnissen führen, können morgen digitale Armbänder die anerkannten Sammler der *big data* sein und den Wissenschaftlern Momentaufnahmen über Wohlbefinden verschaffen sowie neue Möglichkeiten für Interventionen bilden. Immer vorausgesetzt, der Mensch als Nutzer und Anwender gibt seine Erlaubnis dazu (oder auch nicht, wie Facebook mit trotzdem erfreulichen Ergebnissen zeigt[1]).

[1] siehe Kramer et al. 2014 oder z. B. ZEIT ONLINE (2014). Zugriff 01.08.2014 von http://goo.gl/LslZos.

M. Tomoff, *Positive Psychologie in Unternehmen*, essentials,
https://doi.org/10.1007/978-3-658-21619-1_5

Twitter, Facebook, google+, LinkedIn-Posts oder auch Emails, die eine Fülle von Daten bereit halten, können schon durch **automatisierte Algorithmen in Echtzeit** ausgewertet werden. Das Vorherrschen bestimmter Worte böte die Möglichkeit, damit unser Wohlbefinden und andere persönliche Zustände objektiv anzuzeigen und mit psychologischen Theorien verbunden zu werden (Jarden 2012, S. 86).

Die Ergebnisse von Trainings- und Coachingmaßnahmen und deren häufig noch sträflich vernachlässigte Evaluation wären grandios, müssen aber – wie so häufig – noch die Hürde des Datenschutzes überwinden.

Es bleibt spannend, in welche Domänen der Arbeit sich die Positive Psychologie weiter ausbreiten wird. Und ebenso interessant wird sein, wer früh genug auf den Zug aufspringt, um gegenüber anderen Unternehmen noch einen Wettbewerbsvorteil zu haben oder bis zum letzten Moment wartet und schließlich nicht mehr anders kann als ebenfalls dabei zu sein.

Was Sie aus diesem *essential* mitnehmen können

- Wie Sie Ihr eigenes Wohlbefinden (bei der Arbeit) vergrößern
- Wie Sie die eigene und die Leistungsfähigkeit der Mitarbeiter und somit den Unternehmenserfolg steigern
- Wie Sie die Attraktivität Ihres Unternehmens für junge, zukünftige Führungskräfte erhöhen

M. Tomoff, *Positive Psychologie in Unternehmen*, essentials,
https://doi.org/10.1007/978-3-658-21619-1

Literatur

Alderfer, C. P. (1972). *Existence, relatedness, and growth: Human needs in organizational settings* (S. 198). New York: Free Press.

Anthony, A. (2014). The British amateur who debunked the mathematics of happiness. *The Guardian*. http://goo.gl/1UMsSz. Zugegriffen: 25. Nov. 2014.

Avey, J. B., Avolio, B. J., & Luthans, F. (2011). Experimentally analyzing the impact of leader positivity on follower positivity and performance. *The Leadership Quarterly, 22*(2), 282–294.

Barrett, R. (2006). *Building a values-driven organization: A whole system approach to cultural transformation*. Amsterdam: Routledge.

Baumeister, R. F., Bratslavsky, E., Finkenauer, C., & Vohs, K. D. (2001). Bad is stronger than good. *Review of General Psychology, 5*(4), 323–370.

Bennis, W., & Nanus, B. (1985). *Leadership: The strategies for taking charge*. New York: Harper & Row.

Berg, J., Dutton, J. E., & Wrzesniewski, A. (2008). What is job crafting and why does it matter? http://goo.gl/Pq2ZoH. Zugegriffen: 19. Nov. 2014.

Brown, G. (1999). *The energy of life: The science of what makes our minds and bodies work*. New York: Free Press. (Dates: 1999, 2000).

Buckingham, M. (2010). *Go put your strengths to work: 6 powerful steps to achieve outstanding performance*. London: Simon and Schuster.

Buckingham, M., & Clifton, D. O. (2001). *Now, discover your strengths*. London: Simon and Schuster.

Buckingham, M., & Coffman, C. (1999). *First break all the rules*. London: Simon and Schuster.

Burton, C. M., & King, L. A. (2004). The health benefits of writing about intensely positive experiences. *Journal of Research in Personality, 38*(2), 150–163.

Cameron, K. (2012). *Positive leadership: Strategies for extraordinary performance* (S. 159). San Francisco: Berrett-Koehler Publishers.

Cameron, K. S., & Caza, A. (2004). Introduction contributions to the discipline of positive organizational scholarship. *American Behavioral Scientist, 47*(6), 731–739.

Cameron, K. S., & Spreitzer, G. M. (2011). *The oxford handbook of positive organizational scholarship (Oxford Library of Psychology)*. New York: Oxford University Press.

M. Tomoff, *Positive Psychologie in Unternehmen*, essentials,
https://doi.org/10.1007/978-3-658-21619-1

Cameron, K. S., Dutton, J. E., & Quinn, R. E. (2003). *An introduction to positive organizational scholarship* (S. 3–13). San Francisco: Berrett-Koehler.

CAPP. (2014). Realise2. http://goo.gl/zDvHCj. Zugegriffen: 10. Sep. 2014.

Cooperrider, D. L., & Srivastva, S. (1987). Appreciative inquiry in organizational life. *Research in Organizational Change and Development (Cambridge, England), 1*(1), 129–169.

Corporate Happiness. (2013). Upstalsboom erhält Hospitality HR Award 2013 für das innovativste Personalkonzept. http://goo.gl/9zu0ec. Zugegriffen: 1. Mai. 2014.

Corporate Leadership Council. (2002). Performance management survey. Building the High.

Creusen, U., Eschemann, N.-R., & Johann, T. (2010). *Positive Leadership. Psychologie Erfolgreicher Führung. Erweiterte Strategien Zur Anwendung Des Grid-Modells.* Wiesbaden: Gabler.

Cross, R., Baker, W., & Parker, A. (2003). What creates energy in organizations? *MIT Sloan Management Review*. SLOAN MANAGEMENT REVIEW ASSOCIATION. http://goo.gl/8ItFpP. Zugegriffen: 19. Nov. 2014.

Csikszentmihalyi, M. (1997). *Finding flow: The psychology of engagement with everyday life*. New York: Basic Books.

Diener, E. (1984). Subjective well-being. *Psychological Bulletin, 95,* 542–575.

Diener, E. (2003). What is positive about positive psychology: The curmudgeon and Pollyanna. *Psychological Inquiry, 14,* 115–120.

Dittrich-Brauner, K., Dittmann, E., List, V., & Windisch, C. (2008). *Großgruppenverfahren. Lebendig lernen – Veränderungen Gestalten*. Berlin: Springer.

Doppler, K., & Lauterburg, C. (2002). *Change-Management: den Unternehmenswandel gestalten* (S. 530). Frankfurt a. M.: Campus-Verlag.

Dutton, J. E. (2003). *Energize your workplace: How to create and sustain high-quality connections at work* (Bd. 50). San Francisco: Jossey-Bass.

Dutton, J. E., & Glynn, M. (2007). Positive organizational scholarship. In C. Cooper & J. Barling (Hrsg.), *Handbook of organizational behavior*. Thousand Oaks: Sage.

Fineman, S. (2006). On being positive: Concerns and counterpoints. *Academy of Management Review, 31*(2), 270–291.

Floyd, C. (2013). What is a strengths-based interview (SBI)? http://goo.gl/EeNrMc. Zugegriffen: 15. Nov. 2014.

Fowler, J. H., & Christakis, N. A. (2010). Cooperative behavior cascades in human social networks. *Proceedings of the National Academy of Sciences of the United States of America, 107*(12), 5334–5338.

Fredrickson, B. L. (1998). What good are positive emotions? *Review of General Psychology, 2*(3), 300.

Fredrickson, B. L. (2001). The role of positive emotions in positive psychology: The broaden-and-build theory of positive emotions. *American Psychologist, 56*(3), 218.

Fredrickson, B. L. (2011). *Die Macht der guten Gefühle: wie eine positive Haltung Ihr Leben dauerhaft verändert*. Frankfurt a. M.: Campus-Verlag.

Fredrickson, B. L., & Losada, M. F. (2005). Positive affect and the complex dynamics of human flourishing. *American Psychologist, 60*(7), 678.

Gable, S. L., & Haidt, J. (2005). What (and why) is positive psychology? *Review of General Psychology, 9*(2), 103–110.

Greenberg, M. A., & Lopez, S. J. (2008). Emotional storytelling after stressful experiences. In S. J. Lopez (Hrsg.), *Positive psychology exploring the best in people: Growing in the face of adversity* (S. 145–169). Wesport: Praeger.

Grubendorfer, C. (2010). Leadership Branding. Machen Sie Führungskräfte und Mitarbeiter zu Botschaftern Ihrer Marke. LEADERSHIP EQUITY ASSOCIATION GmbH. http://goo.gl/ns8Agb. Zugegriffen: 18. Nov. 2014.

Haas, O. (2014). *Corporate Happiness als Führungssystem. Glückliche Menschen leisten gerne mehr*. Berlin: Erich Schmidt Verlag.

Harter, J. K., Schmidt, F. L., & Hayes, T. L. (2002). Business-unit-level relationship between employee satisfaction, employee engagement, and business outcomes: A meta-analysis. *Journal of applied psychology, 87*(2), 268.

Holtmeier, S. (2014). Positive Psychologie & 360° feedback – leider inkompatibel? http://goo.gl/gKMlLx. Zugegriffen: 25. Okt. 2014.

Illig, T. (2013). *Die stärkenfokussierte Organisation: Methoden und Instrumente des Positiven Managements* (S. 204). Stuttgart: Schäffer-Poeschel.

Jarden, A. (2012). Positive psychologists on positive psychology. *International Journal of Wellbeing, 2*(2), 70–149.

Kramer, A. D. I., Guillory, J. E., & Hancock, J. T. (2014). Experimental evidence of massive-scale emotional contagion through social networks. *Proceedings of the National Academy of Sciences of the United States of America, 111*(24), 8788–8790.

Lewis, S., Passmore, J., & Cantore, S. (2008). *Appreciative inquiry for change management*. London: Kogan Page.

Linley, P. A., Joseph, S., Harrington, S., & Wood, A. M. (2006). Positive psychology: Past, present, and (possible) future. *Journal of Positive Psychology, 1*(1), 3–16.

Luthans, F. (2002). The need for and meaning of positive organizational behavior. *Journal of organizational behavior, 23*(6), 695–706.

Luthans, F. (2003). Positive organizational behavior (POB): Implications for leadership and HR development and motivation. In R. M. Steers, L. W. Porter, & G. A. Begley (Hrsg.), *Motivation and leadership at work* (S. 178–195). New York: McGraw-Hill.

Luthans, F., & Youssef, C. M. (2007). Emerging positive organizational behavior. *Journal of Management, 33*(3), 321–349.

Luthans, F., Luthans, K. W., & Luthans, B. C. (2004). Positive psychological capital: Beyond human and social capital. *Business Horizons, 47*(1), 45–50.

Luthans, F., Avolio, B. J., Avey, J. B., & Norman, S. M. (2007a). Positive psychological capital: Measurement and relationship with performance and satisfaction. *Personnel Psychology, 60*(3), 541–572.

Luthans, F., Youssef, C. M., & Avolio, B. J. (2007b). *Psychological capital*. New York: Oxford University Press.

Luthans, F., Avey, J. B., Avolio, B. J., & Peterson, S. J. (2010). The development and resulting performance impact of positive psychological capital. *Human Resource Development Quarterly, 21*(1), 41–67.

Maslow, A. H. (1954). *Motivation and personality*. New York: Harper & Row.

McCullough, M. E., & Snyder, C. R. (2000). Classical sources of human strength: Revisiting an old home and building a new one. *Journal of Social and Clinical Psychology, 19*(1), 1–10.

Peterson, C., & Seligman, M. E. P. (2004). *Character strengths and virtues: A classification and handbook*. Washington: American Psychological Association.

Pfeffer, J. (1997). Six dangerous myths about pay. *Harvard Business Review, 76*(3), 109–119.

Pink, D. H. (2010). *Drive: was Sie wirklich motiviert*. Salzburg: Ecowin-Verlag.

Rath, T. (2007). *Strengthsfinder 2.0*. New York: Gallup Press.

Seligman, M. E. P. (1999). The president's address. *American Psychologist, 54*(8), 559–562.

Seligman, M. E. P. (2008). Positive health. *Applied Psychology, 57*(s1), 3–18.

Seligman, M. E. P., & Csikszentmihalyi, M. (2000). Positive psychology: An introduction. *American Psychologist, 55*, 5–14.

Sprenger, R. K. (2008). Wer schlecht führt, fliegt. *manager magazin*. http://goo.gl/Fa16bD. Zugegriffen: 28. Aug. 2010.

Sutcliffe, K. M., & Vogus, T. J. (2003). Organizing for resilience. In K. S. Cameron, J. E. Dutton, & R. E. Quinn (Hrsg.), *Positive organizational scholarship: Foundations of a new discipline* (S. 94, 110). San Francisco: Berrett-Koehler.

The Ritz-Carlton Leadership Center. (2013). *The Ritz-Carlton: A tradtion of storytelling*. http://goo.gl/grTxsN. Zugegriffen: 12. Apr. 2013.

Tomoff, M. (2011). Kennen Sie 30 Wege, Dankbarkeit zu zeigen? Was Wäre Wenn – Positive Psychologie und Coaching. http://goo.gl/ST5XK9. Zugegriffen: 16. Nov. 2011.

Tomoff, M. (2012). Wann sind Sie am besten? – Reflected Best-Self. Was Wäre Wenn – Positive Psychologie und Coaching. http://goo.gl/ABdkIU. Zugegriffen: 15. Nov. 2014.

Tomoff, M. (2013). Mehr Zufriedenheit am Arbeitsplatz mit Positiver Psychologie. Was Wäre Wenn – Positive Psychologie und Coaching. http://goo.gl/Vgbj1s. Zugegriffen: 20. Mai. 2013.

WertePraxis. (n.d.). Wertekarten – Angewandtes Wertemanagement als konkrete Nutzung der Ressourcen Werte und Sinn in brisanten Managementsituationen. http://goo.gl/VOfHTp. Zugegriffen: 13. Nov. 2014.

Whetten, D. A. (2005). *Developing management skills*. Upper Saddle River: Pearson.

Wrzesniewski, A., & Dutton, J. E. (2001). Crafting a job: Revisioning employees as active crafters of their work. *Academy of Management Review, 26*(2), 179–201.

Youssef, C. M., & Luthans, F. (2007). Positive organizational behavior in the workplace the impact of hope, optimism, and resilience. *Journal of Management, 33*(5), 774–800.

ZEIT ONLINE. (2014). Facebook manipulierte für Studie Nachrichtenstrom. http://goo.gl/LslZos. Zugegriffen: 1. Aug. 2014.